LEADERSHIP SECRETS OF
HILLARY CLINTON

希拉里领导力

[美]丽贝卡·香博 ◎著
(Rebecca Shambaugh)

冯云霞 朱超威 宋继文 ◎译

中国人民大学出版社
·北京·

LEADERSHIP SECRETS OF HILLARY CLINTON

译者前言

领导力是自古以来对所有人都有价值的话题。中国社会目前已进入以人为本的社会发展阶段，受教育人群日益壮大，组织发展也日渐进入以管理和领导力取胜的阶段。这本译著的出版对我们社会个体以及组织的发展都有价值。

本书的作者丽贝卡·香博（Rebecca Shambaugh）是美国香博领导力集团创始人和资深领导力培训专家。她长期关注女性领导力的培育与发展。她的另一本畅销书《不是玻璃天花板，而是粘胶地板》（*It's Not a Glass Ceiling, It's a Sticky Floor*），也同样聚焦于女性如何摆脱困境、获得权力、在事业中取得更好的发展。在丽贝卡看来，希拉里无疑是当今世界最具传奇色彩的女性领导人之一：她是美国历史上学历最高的第一夫人，也是首位通

希拉里领导力

过自身努力获得公职的第一夫人。在 2008 年美国总统民主党党内预选期间，希拉里作为强有力的竞争对手曾一度领先奥巴马。尽管最后希拉里未能如愿获得党内提名，但她在整个竞选过程中以及后来为奥巴马助选时表现出来的不屈不挠、面对挫折的坦然、团队精神，以及非凡的领导力激励和感染了许许多多的美国人。在本书中，丽贝卡试图和读者一道，探求希拉里领导风格与众不同、行之有效的秘诀所在。

丽贝卡以希拉里·克林顿女士一生的领导阅历为主线，着重强调领导力的本质如下：

第一，领导人要有坚忍力和毅力。领导人所面临的处境较为复杂，要应对的事情也经常很棘手，因此，领导人的决心和信念至关重要。"一切由心出发"。

第二，领导人开展人际连接、主动发起议程的能力也很重要。在解决问题的过程中，领导人要洞察人与人、人与事、事与事的关联。另外，捕捉上述关联与环境的关联也至关重要。"万事互相效力"，领导人要有全局思维。

第三，真实面对自身、对经验进行反思、优化思维方式并重构经验是获得领导力的重要途径。希拉里女士在"直面自身"以

译者前言

后，领导力有了突破。

除了领导力的本质以外，本书还强调领导力的形成是一个动态的发展过程。在这个过程中，领导人要学习忍耐、辨识、规避、直面等各种功课。这也是一条自我修炼、自我发现之路。

具体来说，全书共九章。在第一章中，丽贝卡从她个人的角度，综合阐述了希拉里独特的领导风格，指明全书的重点在于揭示希拉里"是如何经过长期的、艰难的，甚至是令人身心疲惫的过程，破茧而出，成长为在美国甚至世界各地都最有影响力的领导者之一"。

在第二章至第八章中，丽贝卡把希拉里的非凡领导简明地归纳为七种领导力，依次为坚忍力、知识力、真实力、变革力、连接力、沟通力和方向力，逐一进行讨论。每章均涵盖一种特定领导力以及具体的领导技能、行为和最佳实践，以帮助读者提高自身的领导力。

在第九章中，丽贝卡告诉我们，在变化的世界中，每个人都不可避免地会面临一些挑战或经历一些困境，有坚忍力的领导者会选择迎头面对，并将这些挑战或困境视为提升智慧、竞争力以及自信的机会。适应变化和应对不幸或失败的能力，是造就"伟大"领导者的必备要素。

本书使用了一个个具体的案例和故事来揭示希拉里非凡领导的不同维度。在讨论希拉里领导风格中的真实力时，丽贝卡引用了希拉里多年来信守承诺、持之以恒地为儿童医疗和教育事业奋斗的故事。在阐述希拉里领导风格中的坚忍力和沟通力时，丽贝卡全文引用了希拉里在2008年8月26日在民主党全国代表大会上的演讲，也就是希拉里在竞争党内总统候选人提名失败后，呼吁支持者转而支持奥巴马的那次著名演讲。

原文风格洗练、用词有力、文句简约而含义丰富。在翻译本书时，如何把原文字里行间的真实意图、行文风格特点传递给中国的读者，既是最大的挑战，也是充满乐趣的过程。当然，我们水平有限，译文中肯定存在不少缺点和错误之处，敬希广大读者不吝赐教。

在本书翻译过程中，孙宁女士，李慧聪、宣丽燕等同学提供了支持，美国维克森林大学（Wake Forest University）翻译口译研究专业（Interpreting & Translation Studies）的研究生兰希、李君兰、马晓路、马颖、牛波、徐钱兰、赵安琪和杨东东同学参与了本书后四章和附录的初译和初校工作。在此一并表示真诚的感谢。

LEADERSHIP SECRETS
OF
HILLARY CLINTON

目　录

第一章　为何要关注希拉里的领导经验？/ 1

第二章　逆境飞扬：坚忍力 / 9

第三章　终身学习：知识力 / 31

第四章　无比坚忍：真实力 / 53

第五章　拥抱变化：变革力 / 77

第六章　倾听之旅：连接力 / 97

第七章　言行一致：沟通力 / 121

第八章　目的明确:方向力 / 145

第九章　畅　想 / 165

附　录　希拉里领导力与行动的两篇演讲 / 171

致　谢 / 207

LEADERSHIP SECRETS OF HILLARY CLINTON

第一章

为何要关注希拉里的领导经验?

希拉里·克林顿总是让我饶有兴趣——她好像拥有整个世界。二十年多来，她的个人生活和职业生涯一直是人们茶余饭后的谈资。在美国、亚洲以及欧洲的公共领域和私人圈子，她的名字和形象尽人皆知。在世界上任何地方，只要提起她的名字，人们总是能够发表一点对她的看法。虽然支持和反对她的声音同时存在，但是人们公认她为全球知名领导人，而现阶段她正担任着她人生中最重要的领导角色。

多数人并不了解希拉里作为领导者的成功秘诀，但是，大部分人都坚信她有成功的秘诀。多年来，正是这些秘诀帮助她参加竞选并赢得了一些美国最高的领导职位。人们也意识到，在当前的国内外特殊局势下，她能胜任其职位，更是需要卓越的领导能力。

希拉里领导力

在如今动荡的环境中,希拉里的领导力特质和技巧帮助她高效地工作,也使她能够向其他领导者传授经验,以帮助后者带领自己的组织和商业团队成功渡过始于2009年的全球经济衰退。希拉里在领导力方面的成就显而易见,既有数据的支持,也有读者们耳熟能详的诸多故事加以佐证。而且,我们不但可以从希拉里的积极经历和个人成就中学到她的领导艺术,也可以从她的挫折失败中领悟到宝贵的经验教训。

就我个人而言,从2009年下半年开始,我在美国和世界其他各地商务会议上的演讲题目也发生了明显的改变:演讲主题从一般意义上的领导力,转向为动荡环境下的领导力建设。很多与会者都在寻找能够引导他们渡过艰难时期的最佳措施和解决方案。他们想从那些已成功突破困境的领导人身上获得指导,学习哪些做法是行得通的,哪些是行不通的。他们了解到即使最伟大的领导者也有犯错的时候。他们珍视这些伟人持续学习的能力,敬佩他们纠正错误的勇气、扭转事物发展方向的魄力和修正旧有信念的决心。他们欣赏那些能及时采取措施突破厄运和黑暗,克服困难取得成功的领导者。多年以来,希拉里·克林顿正是这样的一位领导者。

希拉里的领导风格能让人产生共鸣的原因是它同以往成功的领

第一章 为何要关注希拉里的领导经验?

导方式非常不同。希拉里是个非常聪明、有计划且严肃的思考者。我们今天所面临的商业环境,需要创新和变革我们的思维方式。这样的形势要求领导者能够打破旧有思维模式,愿意承担非传统甚至是冒险的角色以催生正确变革成就未来。希拉里领导风格的显著特点在于她能够和持不同政见者打交道,且富有效率。希拉里的特别之处还在于当困难和挑战并存的时候,她能够用正确的沟通风格、在正确的时间、以正确的方式与正确的人沟通。她能根据不同情境调整自身的领导风格:既能用心倾听与听众产生情感共鸣,又能在需要直言不讳时做到周全委婉。希拉里的领导风格帮助她在担任每一个公职时都能游刃有余地应对来自政治和人际关系方面的挑战。希拉里经过失败挫折锤炼的领导风格不但帮助她实现了职业目标,也让她在整个职业生涯中获得了普遍认可。

你以前是否是希拉里的追随者甚至是狂热粉丝并不是本书关心的问题。本书的重点在于介绍一个人是如何经过长期的、艰难的,甚至是令人身心疲惫的过程,破茧而出,成长为在美国甚至世界其他各地都最有影响力的领导者之一。你也许会说,这纯粹是运气,或只不过是靠努力工作而已。然而,根据我三十年来培训商界领袖的经历,我要告诉大家的是:一个人并不能只靠运气或努力工作就能成为杰出的领导者。领导者通过学习和实践追求卓越的过程是艺术性和科学性的统一。令人振奋的是，无论你身处组织中的哪个领导层次，领导能力都是可以后天习得的。重点在于认清适用于不同情境的关键领导特质和技巧，并根据环境变化和当前形势来有计划地学习并不断调整和提高自身领导技巧。

希拉里淋漓尽致地展现出了当今商界重视的那些领导力特质和技巧，例如领导坚忍力、自我更新与组织创新。为了方便读者发掘和学习希拉里宝贵的领导经验，并将这些经验与商界领导情境联系起来，我将从三个方面阐述希拉里的领导艺术：

首先，希拉里为我们展示了当今世界上任何组织、任何层级的领导者都需要具备的几项**特质**，比如，**学习力**、**坚忍力**和**真实力**。

其次，希拉里展示出的一些**关键**的**领导技巧**，对当今动荡的商业环境而言尤为重要。这些技能包括**专注力**、**连接力**和**沟通力**。

最后，希拉里具备作为**伟大领导者的最重要的特质：具有明确的目标和为他人服务的决心**。

在本书中，我试图阐明什么是坚忍力，以及一个人要怎样才能

第一章 为何要关注希拉里的领导经验?

够挖掘自身的坚忍力?我采访了希拉里·克林顿,用她的故事和亲身经历来告诉大家她是如何发现并利用自己的坚忍力。本书也可以作为实用的工具,帮助读者提高自身的坚忍力。本书的每一章都将包括五个领导秘诀,涵盖具体的领导技能、行为和最佳实践。这些秘诀旨在帮助我们激发潜能,提高创造力、沟通能力、交际能力,更好地应对社会、组织、机构或个体层面的重大变革。每一章都将探讨帮助你成为理想领导者的一种具体能力,包括:

- 坚忍力
- 知识力
- 真实力
- 变革力
- 连接力
- 沟通力
- 方向力

LEADERSHIP SECRETS OF HILLARY CLINTON

第二章

逆境飞扬：坚忍力

在我近年来参加的各种会议、网络直播以及和不同高管的会谈中，我发现有坚忍力的领导者总是受到追捧。在最近的一次领导学会议上，有人问我如何才能在这个动荡的商业环境中成为一位伟大的领导者。现在我就来分享一下我所坚信的在当今社会成为一名成功领导者的三个要素：

首先，面对挑战时，领导者要有积极主动的态度，并能抓准时机解决问题。

其次，领导者要坦然面对不确定性和模糊性。事实上，他们需要在实施原计划的同时，能够拟订一个新的计划！

最后，领导者要灵活适应变化。他们被要求一遍又一遍地重塑自己和自己的组织，因为我们还没有达到"新标准"。

接下来，我将继续解释，以上要素都指向一个核心的特质，也是我认为对当今的领导者而言最关键的特质——坚忍力。

当前在就业市场中的人都很清楚，由于经济危机和全球不稳定因素的增加，许多机构都被迫要应对许多不可预知的艰难挑战。当前所需的领导者与过去不同。过去领导者的焦点在于提高生产力、降低成本并鼓励创新，而今天的领导者必须具备抵御任何风暴的能力，并且能够有效地推动必要的变革，以带领自己的组织渡过巨变和不确定的时期。这些领导者必须有坚忍力，他们不会总是一次就成功，因此他们不但自身要能坚忍不拔、坚持不懈，还要能激励追随者也全力以赴，一次又一次地尝试，直至目标达成。

在写这本书之前，我曾对我的听众做过民意调查，问他们认为谁是一个具备坚忍力的领导者。希拉里因其坚忍不拔的领导力和她那令人难以置信的政治热情而屡次当选。希拉里经历过人生的跌宕起伏，从个人和职业的视角来看，她的某些经历甚至是悲剧性的。然而，希拉里拥有最优秀的恢复能力，以及比我们想象中更强大的毅力和更坚定的决心。这使我对她非常着迷，也激励着我撰写本书。

本章从以下几个方面探讨坚忍力，并为后面的章节奠定基础：

第二章 逆境飞扬：坚忍力

- 定义坚忍力。
- 解释坚忍力在今天商业环境中的重要性。
- 介绍希拉里，她以卓越的领导力和在应对人生挑战过程中展现的坚忍力而闻名于世。
- 分享几个希拉里培育坚忍力的秘诀。
- 评估你的坚忍力，为你的职业生涯提供一些建议。

本书的其他章节对坚忍力的多个维度进行了更加详细的论述，并提供具体的方法和技巧，从而使您成为一个具备坚忍力的领导者。

坚忍力是从不幸、颠覆性的变化甚至失败中有效恢复的能力。我们都曾经历过失望、不幸和失败，这是生活的一部分。问题是，你是否因这些不愉快的经历而停止脚步，或者放弃追求自己的目标。

有人说这种能力是天生的，也有人相信坚忍力是可以后天习得的。我同意后一种说法。我同意坚忍力是由个体的内在品质、行为和态度驱动的，有些人确实比其他人更有坚忍力。但是，我也相信我们所有人都有可能通过学习最终成为一个具备坚忍力的领导者，甚至我们还能够将这种能力传授给他人。

希拉里是一个不轻言放弃也不轻易认输的女人。无论在她的个人生活还是职业生涯中,她都能够直面逆境,适应新的环境。大多数情况下,她能够在博弈中占据上风并重塑自己。

美国 ABC 第 7 频道(WJLA-TV)的记者丽贝卡·库珀,在克林顿执政时期负责关于希拉里的报道。她与我分享了希拉里坚忍力的精髓——她认为希拉里的坚忍力是她智慧、信心以及其成长所在的美国中西部基本价值观的独特组合。丽贝卡说,"在华盛顿,真正做到坚忍是很难的。华盛顿政坛不少人在遭遇巨大困难时,因缺乏勇气和内驱力,而没能像希拉里一样东山再起。希拉里是那种在学校很出名的女孩,不仅仅因为她是全优生,更因为她用功努力并且渴望学习。"

从希拉里的视角我们还了解到坚忍力的另一个内涵:保持积极乐观的态度,即使面临严峻挑战,仍然有明确的目标和坚定的决心,从而度过艰难时刻。

阅读希拉里的相关资料,并且与若干了解她的人面谈后,可以清晰地看出希拉里是一个通过自我奋斗取得成功的人。希拉里的努力造就了人生的成功,她的坚忍力贯穿于她每一次应对人生

第二章　逆境飞扬：坚忍力

挑战的过程中。希拉里积极应对困境，并从中获取经验。尽管并不是每一次都能得到她想要的结果，但希拉里从未真正失败过，因为她总能够在中途修正自己的计划，最终回到正确的轨道上来并更接近目标。

在民主党的一次辩论上，希拉里自己承认了这一点，她说，"我想在座的各位都知道，我这辈子经历过不少危机和挑战。"她向人们详细阐述了在困难时期，她是如何克服困难、奋力前行的。在本书中，我会分享她的精彩故事，以及我们可以从她身上学习到的领导秘诀。我们可以将这些秘诀用于自身在家庭和工作的实践中，以获得公认的坚忍力。

海伦·凯勒曾睿智地说过："幸福的生活不在于逃避，而在于战胜苦难。"在成长为一个伟大的领导者的过程中总是会遭遇困难、挫折和失败。但这些危机可以转化为其前进道路上的垫脚石，激发你的力量和耐力。每一个你成功应对的颠覆性变革都能让你对自身的领导能力更加了解。伟大的领导者在面对严峻的挑战时，会将其视为学习新事物的机会，并用积极的方式来改变处境，而不是沉溺于受害者的心理状态。

1984年，创新领导力中心曾对一些领导力发展的"关键事件"进行过研究。这项名为"培育坚忍力：如何在变化的时代中成长"的研究发现：领导者学习、成长并进一步发展的最大机会正是来自他们所遇到的困难、教训、失败和事业上的挫折。在这项研究中，34％的受访者表示，他们成功的经验在于从挫折中学习，困境是他们关键的学习经历。

和我们一样，希拉里在个人和职业方面也经历过很多艰辛。在她写的《亲历历史：希拉里回忆录》（以下简称《亲历历史》）一书中，她分享了一个故事，讲述她一直以来对太空探索和太空旅行是多么着迷。事实上，她还曾写信给美国宇航局，咨询如何能成为一名宇航员，但她收到的回信中说该机构没有接收女性的计划。她写道，"这是我第一次遇到即使通过努力和决心也不可能战胜的困难，当时我很愤怒。当然，且不说性别的原因，光凭我的近视和普普通通的体能水平，我就没有资格当宇航员。但是这次被直接拒绝的经历让我很受伤，也使得我日后更同情那些因任何原因而受到歧视的人。"由于这段经历，她一直致力于为消除歧视而努力。在她的整个职业生涯中，她也一直是坚定的女权支持者。事实上，在国务卿提名人听证会上，她明确将女权作为其外交政策的重要组成部分：

第二章 逆境飞扬：坚忍力

我很关注妇女和女童的困境。在这个世界上，疾病、文盲、饥饿和无薪工作大多与她们相关。如果世界上有一半的人口，在经济、政治、法律和社会等方面被边缘化，那我们推进民主和繁荣的希望将会落空。我们还有很长的路要走，美国必须发出坚定明确的声音来支持每个国家、每个区域、每个大陆上的妇女权利。

希拉里的言行总是能够体现她的坚忍力，我们的言行也可以。这里有五个秘诀，我们可以向她学习：

秘诀1：了解自我

坚忍力建立在自我意识的基础上。这包括了解你自己的价值观、信仰、情感和态度，以及优缺点。这也意味着要弄清楚在任何给定的情况下，到底是什么阻碍了你。一旦你清楚地了解了你自己，你就能够更加现实地看待任何情况，并坚定你的选择。我们总是有选择的。

例如，如果你应邀做一个演讲，但你之前的演讲反馈不太理想，你不愿再次尝试，那么你可以找一个好的借口推掉它，或者接受这个邀请并找到改进的方法。不管你是否相信,这个问题并没有正确答案。如何选择取决于你的目标是什么,如何利用自己的优势,以及你怎么看待为了演讲得更有效而努力学习所花费的大量精力所带来的收益。这种自省和反思将帮助你在这个特殊的情况下看到更多的可选项,给你动力、勇气和自信来做出最佳选择,而不是让过去的糟糕经历成为决定性因素。这就是坚忍力:面临任何挑战时都能做出正确选择的能力,并能运用这种强大的能力渡过难关。

要记住,尝试新事物有时会很困难。为了不放弃已有的行为模式,或者有时是为了坚持我们对自己的信念,我们会选择拖延,甚至找各种借口不去尝试新事物。我们这样做的原因,大部分是源自我们自己的心态——"我做不好这件事"或"做这件事太费劲"。当尝试新事物使我们不舒服或沮丧时,我们心中会有一个声音劝说自己放弃。但是,我发现正是我们从个人信仰体系或心态出发给自己设置了障碍。

凯特·约翰逊是甲骨文公司的高级副总裁,从事战略和创新工作,她曾用运动作过一个贴切的比喻——一个人如果一辈子都没有锻炼过身体,却在四十岁时开始锻炼,那么他甚至只是想到围着大厦跑一跑都会感到困难。所以最重要的是你要明

第二章 逆境飞扬：坚忍力

白，你不必第一次锻炼就去跑马拉松。你中间可以停一停，再接着跑，但至少你在一步一步地接近目标。这还有助于将你的总体目标分解成小目标。第一次尝试跑十分钟，让自己建立毅力和耐力。然后第二次跑二十分钟，以此类推。如此一来，你自然可以生出新的肌肉，同时也建立起你的信心。当你开始看到自己逐渐进步时，你的观念就开始从"我做不到"向"我做得到"转变了。

凯特的例子说明了这一点：我们看到的许多障碍其实是源于自我幻想和自我设限，它们最终会阻碍我们做成自己真正喜欢的，甚至可能很擅长的事情。我们有能力重新审视和改变自己的心态，以更积极的"我做得到"的态度去实现目标。当我们这样做时，我们才会更有信心和能力，而此时的困难看起来则更像是机会了。如果我们要想在当前的环境中取得成功，这样的心态很重要。因为规则一直在变化，这要求我们将原有的行事方式转变为新的思维方式和存在方式。

秘诀2：控制你的即时反应，并制定一个计划

我们都会对逆境做出即时反应。一些人选择回避坏消息，而

另一些则准备应战。事先了解自己的反应倾向，面对逆境做出积极、主动而非被动的选择，你就有机会去思考局势，先发制人。这种策略能让你保持积极的态度，直到你获得做出判断所需要的所有信息。它还可以帮助你明确目标以渡过困境。为此，你必须聚焦于几项你真正关心的关键事情。这种专注可以让你不被逆境分散注意力，而是把它作为你生活中一个重要的能量来源，并在此基础上制定和执行计划。

例如，我的一个朋友最近失去了工作。当她的经理把她叫进办公室告诉她这个坏消息时，她的第一反应是恐惧和愤怒。为什么是她的团队而不是另一个团队被淘汰？那个团队的工作效率远不及她的团队高。如果她找不到另一份工作，她将如何支付贷款？假如她当时做出冲动的反应，可能会说一些让自己后悔的话。好在我朋友并没有这样做，相反，她向经理询问是否可以先休息一天，然后回来再和他继续讨论。她回家与家人讨论面临的困境，理清她现有的各种选项以及自己真正想要什么，以便更好应对与老板的第二次谈话。精心准备的结果是，在这次谈话中她学到了建立和利用广泛的人际关系的许多好点子。这些人际关系不但可以帮助她找到一个新职位，更为她如何在公司内外变得更

第二章 逆境飞扬：坚忍力

加有竞争力带来了具体思路。通过与家人和上司的谈话，我这位朋友意识到，她需要在简历中更突出自己的已有的贡献。她的上司建议她可以和公司里的一些人聊聊，更多地了解其他组织机构、公司的客户和合作伙伴，与他们建立联系以寻找潜在的工作机会。

这是关于控制你的即时反应的一个具体实例。

这个秘诀的第二部分与第一部分一样重要。做一个可控的计划，它会引领我们朝着行动的方向前进，并因此改变处境。行动创造活力，活力促进坚忍力。无论你是拿起电话邀请某人共进午餐，还是决定回到学校继续深造，设计一个帮助你达成终极目标的计划，哪怕你只是开始一小步，那也是朝着正确的方向前进。

秘诀 3：拥抱变革

生活中唯一不变的就是变化本身。我们都知道这个道理，但是改变对于我们来说还是很难。它经常构成威胁或使我们陷入不舒服的状态中。坚忍力可以战胜破坏性的变化——这些变化比我们平时想象的更困难。我曾经培训过很多成功的领导者，我很清楚他们同当今无能的领导者的区别就在于他们接受和适应变革的能力。他们不需要等到有人告诉他们该做什么。他们是自我变革的拥护者。

为此,你必须了解人类变革的动力。人们努力维持现状,维持他们所熟悉的事物。这个秘诀的关键在于:对变革抱有好奇之心。你可以问问**为什么**、**是什么**、**怎么发生的**以及**是谁**。变革的新愿景是什么?关键利益相关者是谁?他们感受如何?谁将受益以及如何受益?最后,怎样能帮助实现这一变革并确保持续变革?

拥抱变革将帮助你培养新技能、拓展视野、增强坚忍力。在这个过程中,你将脱颖而出成为一个领导者,通过努力变革取得成功。

我个人的经验是,最艰难的变革为我创造了最大的成长机会,并且总是增强我的能力和信心。每次变革都促使我深度挖掘自身的创造力,创造力促使我做出一些最好的计划,并给我带来作为一位卓有成效的领导者提高知名度的巨大机遇。所以,我知道这是可能的!

当我结束十五年的打工生涯时,我想要遵循自己的强烈意愿,创建一家领导力开发公司。当我宣布要离开公司自己创业

第二章 逆境飞扬：坚忍力

时，我意外地接到了好些朋友和同事的电话，他们说很关心我的前途，并担心我是否可以成功地经营自己的公司。但我知道，对我来说这将是一个长期过程，我也知道我的激情和核心优势是在领导力开发方面。而且，我一直有着强烈的愿望想要自己创业。创业的第一年我非常勤奋地工作，我自己承担几乎所有的事情，从行政、营销到工作交付等等。与此同时，我还攻读领导力发展专业的硕士学位。我关注当地商业团体和我们现有的客户，从领导力和人力资源开发的角度，向他们学习重要的、优先的，以及最有价值的事情。也就是从那时起，香博公司创建了一个到今天仍在广泛应用的领袖发展的集成模型。

在这个过程中，我明白了一个道理：只要你愿意，你几乎可以做成任何你想做的事情。它始于一种自信和勇于担当的心态。你努力找到诀窍，将周围的人建立成一个支持网络，坚持核心优势、价值主张和品牌。十八年后的今天，香博公司已成长为一个与全球成千上万的领导人一起共事的全球领导力和行政发展机构。

秘诀 4：拿出勇气

我很欣赏一句名言："我们唯一不得不害怕的事情就是害怕

本身",因为恐惧是坚忍力最大的障碍。恐惧使我们变得保守,忽视可能的选择,增加放弃的可能性。对抗恐惧最好的武器就是勇气。它是领导者很重要的特质。勇气意味着你会坚持自己认为重要的事情,改变传统的思维方式,甚至主动请求去做一些你自己都不确定是否真的可以做到的事情。需要勇气的情境随时可能出现,但我们往往没办法预先做出计划。

  希拉里从小就锻炼自己的勇气。她父母对她影响很大,帮助她成为坚强和自信的人。在希拉里的自传中,她谈到当自己还是个小女孩时,她不愿意到外面去玩。她经常哭泣,抱怨苏西·奥卡拉汉,因为这个女孩邻居总是欺负她。四岁时,希拉里与苏西又一次发生冲突。她跑回家,妈妈告诉她,"回去!如果苏西再打你,我允许你还击。你必须自己站起来。我的房子里不容许胆小鬼。"于是希拉里抬头挺胸地走出家门,大步流星地穿过街道,再次面对苏西。她带着胜利回家并骄傲地宣布,"我现在可以和男孩玩了。"

  和希拉里一样,我们中的一些人很幸运,能够从小就学习变得勇敢。也有人不那么幸运,没有机会去学习成为勇敢的人。我建议学习承担一些风险,让你的勇气发挥作用。如果你不会游泳，我不鼓励你乘坐一艘未配备救生衣的船，但你可以学习驾驶一艘船。在工作中也是如此。很多情况下你想拓展自己，但你并没有十分的自信，这时勇气能引领你大胆尝试并帮助你不致一败涂地。

秘诀 5：永不放弃

我们有时会气馁。我们都经历过想要放弃的时刻。我们开始怀疑自己的能力，并且对他人失去信心。"胜利的刺激"不再甘甜如初，"失败的痛苦"也似乎并不那么糟糕。随着精力消耗殆尽，我们已经失去乐趣。这时你需要深入剖析自己，找到深层次的决心和内在的力量，这将帮助你直面恐惧，对抗接下来的自满情绪，坚持不懈直至目标达成。

拥有十足的决心是希拉里成功的关键之一。"永不放弃"在她儿时就已经融入了她的血液，并在大学期间得以强化。她初到卫斯理学院时，学习上困难重重。她给父母打电话，希望他们同意她辍学回家。她告诉父母，她觉得自己不够聪明，应付不了学业上的挑战。她的母亲多萝西·罗德姆告诉她要做一个不轻言放弃的人，从卫斯理辍学将会是一个灾难性的错误。听了母亲的话，希拉里继续留在学校里。此后，她以令人难以置信的学习劲头、敏锐的组织能力以及坚韧不拔的毅力，在学院取得了骄人的成绩。事实上，她在学术能力上获得了足够的信心来担任政治领导角色，并当选为青年共和党主席。取得这样的成就对于一个曾有过退学念头的人而言确实让人印象深刻！

如果你关注过 2008 年美国总统大选，你就知道希拉里坚持到了竞选的最后一刻。在最终明确她不会当选之前，她都从未放弃赢得选票和支持的努力。即使成功概率很小，努力前进变得非常困难，她也从不放弃她真正决心去做的事情。

下面这个例子能够帮助我们认清希拉里的坚忍力。尽管希拉里未能获得提名，但她还是满怀信心和力量地出现在 2008 年民主党全国代表大会上，并做了一个鼓舞人心的演讲，宣布她支持巴拉克·奥巴马。她说："我站在这里，作为一名自豪的母亲、一名自豪的民主党人、一名自豪的美国人，也作为一名自豪的巴拉克·奥巴马的支持者。"她接着说道："不论你之前是投票给我，还是奥巴马，现在我们都应该作为一个政党团结起来，朝着同一目标努力。"在演讲的最后，她和观众分享这样的观点：即使在最黑暗的时刻，美国民众也总能找到继续前行的信念。她

第二章 逆境飞扬：坚忍力

说，"我们是美国人。我们从不轻言放弃。……在美国只要是努力工作、保持前行、相信上帝、相信国家、彼此信任，就不会有难以逾越的鸿沟，也不会有无法攀登的高山。"

那天晚上，希拉里振奋人心的话语回荡在会议大厅，听众们起立并挥舞着双手以示支持。就某种程度而言，我相信人们承认希拉里有卷土重来的能力——坚忍力，也敬佩她能做到优雅地接受她在民主党党内预选中落败的事实。

希拉里用演讲告诉人们，她热爱这个国家，为国家服务是她的真实意愿。她向一些人提到她喜欢她参议员的工作，她仍然可以在参议员的位置上有所作为——她不会轻言放弃。她知道她最大的愿望就是服务于她的国家。她让大家知道，无论总统怎样认为，她都会全力以赴。希拉里的灵活性和接受其他机遇的开放性，不仅使她更加坚忍，也最终帮她赢得了国务卿的职位。那些具备超凡视野、从不滞留在谷底扮演受害者的人，正是那些不仅坚忍不拔，而且也向其他可能，有时甚至是好机会，敞开怀抱的人。

希拉里的坚忍力——她直面逆境和卷土重来的独特能力——赢得了来自美国所有政党的人的尊重和钦佩。2008年，尽管未能当选总统，她仍然决心以全球领导人的姿态在国际事务中发挥作用。这一点让全世界印象深刻。这位杰出的女性拥有很多值得我们学习的领导经验。

> ## 你的坚忍力如何？
>
> 如果你想知道自己在生活中的坚忍力指数，可以试着回答下面这些简单的问题。你的答案中"是"的次数越多，你的坚忍力指数就越高。
>
> 1. 我通常很乐观。我认为困难是暂时的，期待克服它们，并相信事情会变好。
>
> 2. 我可以容忍高度的不确定性和模糊性。
>
> 3. 我能够从挫折中恢复情绪。我可以向我的朋友倾诉感受，并向他们求助。
>
> 4. 我感到自信并对自己有着客观清晰的认识。
>
> 5. 在遇到困难时，我能够保持良好的状态。我在与他人共事时，既能很好地合作，又能保持独立精神。
>
> 6. 困难的经历使我变得更好更强大。

7. 我能够因祸得福,从失败的经历中受益。

8. 我有勇气坚持我认为重要的东西。我不畏惧审慎的冒险。

9. 我不轻易放弃。就算受到打击,我也会坚持到底。

10. 我乐见变革。我找机会学习新事物,并且采取行动进行改变。

请根据上述问题评估你自己的坚忍力指数。可能其中某些方面你做得不错,而另一些则是你需要改进的。

坚忍力的秘诀

秘诀1:了解自我

秘诀2:控制你的即时反应,并制定一个计划

秘诀3:拥抱变革

秘诀4:拿出勇气

秘诀5:永不放弃

LEADERSHIP SECRETS OF HILLARY CLINTON

第三章
终身学习：知识力

伟大的领导者总是坚持终身学习。你可能听说过这样的话："如果你从来没有经历过失败，从来没有反思，你就不可能成为真正的领袖。"正规教育固然非常重要，但我所谈论的是那种人生体验式学习。这包含了好奇心、求知欲——比如，比他人更迫切地想多知道某一学科的知识，以及从成功和失败中总结经验教训等。这需要勇气，因为你必须能够面对新环境和挑战，并且常常需要在逆境中成长。这些经历是你重要的学习机会，你可以借机客观审视自己：**我能做好什么？我可以做些什么使局面变得不同？我可以从中学到什么？**这就是我所谓的**持续学习和终身学习**真正的内涵。

在世界各地举办的领导力主题会议上，我总是强调说，领导者首先要倾听、**学习**，然后才能领导。当代的领导者必须要做到这一点，因为商业世界的飞速发展和不断变化要求我们这样。作为领导者，我们在面临新的挑战时，要能够有效利用我们的知识和经验，把自己的新见解应用到新形势中去，然后做出明智的决定。

希拉里就是一个终身学习的人。长期以来，她孜孜以求，学而不倦。当她还是一个小姑娘的时候，她就喜欢在图书馆儿童书籍区学习。今天，作为一个公众人物，她被支持者称为博学者，而被批评者看作"政策一根筋"或书呆子。但无论支持者还是批评者，他们都认同一件事：多年以来，在所有她参与讨论的话题或者即将承担的项目上，希拉里均能迅速了解情况，深入问题本质。无论是儿时学习如何通过玩桌游来提高数学技能，还是在餐桌上与父亲就某一主题辩论，希拉里总是对即将进行的活动精心做准备，以此锻炼能力和增强自信。

在希拉里的职业生涯中，她持续不断地担任过许多不同的公职，处理过许多需要她提高自身知识和技能才能应对的棘手事务。希拉里从阿肯色州的一个律师干起，而后成为纽约州参议员，直到担任美国国务卿，成为世界上最有影响力的女性之一，正是她天生的好奇心和对学习的渴望帮助她实现了职业生涯的飞

第三章 终身学习：知识力

跃。在每一个职业角色中，她都能够让自己走出舒适区，努力钻研并掌握诀窍，为迎接挑战性的工作机会而时刻准备着。

希拉里跳出舒适区的一个例子是她鼓起勇气决定竞选参议员。当她考虑参选时，她征询过同事和亲友的意见，看看他们是否认为这是一个好主意。她收到了一些鼓励，但也有质疑。一些关系很近的亲友劝她，说竞选之路必定紧张艰难，她将成为"空中飞人"，要如跑马拉松一般在美国各州间穿梭。希拉里不知道自己是否能成为国会上有影响力的人物，同时也有些焦虑：如果决定参选，她得真正依靠自己而不是与比尔·克林顿的名字连一起。在此之前，她还没有完全靠自己去树立影响力。

希拉里有诸多理由不去竞选参议员，但不久之后的一件事让她觉醒过来。她当时参加了一个由HBO频道在纽约市举办的、旨在宣传体育女性的活动。陪同希拉里的是当时网球界常青树式的传奇人物比利·简·金。当许多年轻女性运动员在台上集合时，大家身后有一个巨大横幅，上面写着"敢于竞争"，这是HBO频道这次拍摄的主题。承办活动的高中女子篮球队队长索菲亚·托蒂向大家介绍了希拉里。在希拉里和索菲亚握手时，索菲亚身子向前倾，在希拉里耳边低声说，"要敢于竞争，克林顿女士。""敢于竞争",这句话让希拉里措手不及,也引发了她的思考。在《亲历历史》中,希拉里这样写道:"难道我要害怕做那些我曾经鼓励无数女性去做的事情吗?"然后她写道,"我为什么会犹豫参加这次竞选?我为什么会如此焦虑?也许我应该直面竞争。"

索菲亚的鼓励对希拉里来说,是促使其跳出舒适区的一个重要转折点。希拉里的内心信仰、价值观和内在力量开始占据上风。希拉里知道竞选美国参议员充满困难和挑战。如果不困难的话,每个人都会去竞选——正是因为困难,参议员的职位才如此重要。智慧的领导者用积极且现实的心态面对挑战。他们超越别人对他们的假设和想象,找到自己的核心优势、信仰和价值观。这些信仰和价值观是指引他们前行的指南针,赋予他们应对所有挑战的信心。

当希拉里向乔治·特里布神父寻求建议时,她也从神父那里获得了巨大的精神支持。多年来,特里布神父在小石城管理天主教男子高中,在那里他与克林顿夫妇成为了朋友。1999年6月24日,特里布神父致信希拉里,在信里他这样写道:"在审判日,上帝问的第一个问题不是关于'十诫'。他会这样问我们每个人:

第三章　终身学习：知识力

'我给了你们时间和才华，你又是怎么做的呢？'"在此后的多年竞选过程中，这些话帮助希拉里审视自己的内心，并时刻提醒自己肩负的责任，将之转化为自身的核心力量。与此同时，希拉里还发掘出自己另一种与生俱来的能力：组织动员身边不同的人来帮助她实现自己的目标和应对未来的挑战。希拉里成立不同的委员会来更好地评估所面对的挑战并研究最好的解决策略。希拉里知道，她不能仅仅停留在与纽约民众对话的层面，还需要尽力走出去成为他们中的一员，向纽约民众聆听和学习，以证明"她为什么来"比"她从哪里来"更为重要。

希拉里从来没有因为局势危急而感到害怕，但她一直觉得亲力亲为非常重要。她花时间去学习她需要知道的一切，也时常反省自己的表现，力争从自己的错误中吸取教训，确保下次更加成功。

当你走出了自己的舒适区，你会更加智慧地评估你自身的缺点或面临的挑战，然后谨慎地制定计划来处理当前的问题。伟大的领导者在进入任何新的领域或在面临挑战的形势下，都能够识别和挖掘自身的核心优势。这增强了他们在未知领域获胜的信心。最后，做好努力工作、用功钻研、倾听和学习的准备。这样的态度能向周围的人传递出积极的信号，使他们更愿意在你走出自身舒适区的时候与你接触。上文所举的例子说明希拉里是一个持续学习的高手，你也可以是。这里有五个秘诀帮助你提高知识力：

秘诀 1：持续增强自我觉察

经验告诉我们，成为一个伟大的领导者，必须具备内省和反思能力。在此基础上，你要逐步厘清你自身的价值观、习惯、意图、优缺点和真实感受。在我的《不是玻璃天花板，而是粘胶地板》（以下简称《粘胶地板》）这本书中，我分析了阻碍女性实现自己职业目标的七种不同的自我设限的观念、假设和行为模式。解决这些个人障碍的关键是意识到它们就存在于我们的生活中。这就是所谓的自我觉察。反思的核心在于了解：你是谁？你的愿景是什么？对你而言重要的事情有哪些？如何定义成功？等等。

作为一个企业领导者，你还需要了解自己的领导效率。在香博公司 20 年来的领导力研究中，我们发现对你最终的成功将产生重大影响的是：权力和影响力、商业头脑、团队建设、创新激励、变革管理、战略关系构建、战略思维、向上管理和有效协作。这些因素对你和其他人来说都很重要,因此你需要获得自身表现和声望的持续反馈:你如何做?你得到了什么结果?你的优缺点是什么?你的未知领域是什么?你如何提供价值?你怎么看待组织中的其他人?

当前许多机构使用360度领导力反馈工具来帮助领导者获取上述问题的答案。增强自我觉察同时也意味着需要更及时的反馈。你需要几个你既尊重又信任的人依据工作进展给你定期反馈。这种反馈正是保持你自我觉察过程的活力和相关性的关键所在。

秘诀2:走出舒适区

你听过"审慎的冒险"吗?我记得很久以前学习过"蓝色规则"和"红色规则"。"蓝色规则"是你知道你自己能做或应该做的事情,"红色规则"是你知道你不能做或不应该做的事情。在我小时候,医院已经使用"红色规则",禁止吸烟,绝对不行。因为周围的氧气罐可能会爆炸。红色规则不存在规则以外的例外。但是如果哪天晚上病人没有睡好,护士可以决定是否在7点叫醒他去吃早餐。她可以在任何时间以她自己的判断做这个决定。这是一个"蓝色规则"。那"紫色"区域呢?这些就是我们的选择,在商界我们称之为"挑战"和"机遇"——当我们做出决定时,我们没有明确的指导方针或合理预期的安全决策。我们称之为"审慎的冒险",因为我们不知道结果如何,"审慎的冒险"将我们带离自我舒适区。

当我与领导者交流或给他们做培训时,我经常要求他们回想生活中曾经历过的一个最大的教训或曾实现过的一个最大的突破。然后我让他们来描述这些情形,几乎在每一个故事中我都能看到"审慎的冒险"。其中有一些故事有美满结局,有些则没有。然而结果并不重要。无论最终成功或是失败,我们都将获得个体和职业的成长,因为对我们产生最大影响的是过程而不是结果。每次经历都是一段旅程,每个人都在其中不断学习和成长。

冒险令人害怕吗?是的,冒险会让人害怕,同时也会让人紧张。但是我发现当你真正决心做一件事,无论你的动机是出于内心的热爱还是为了实现你为他人描述的愿景,你都会更愿意承担风险。例如,我一直停留在每一件我所从事和感兴趣的事物的学习曲线顶部。我真的很热爱学习新事物。我记得在我为美国各企业工作(接近15年)期间,我经常担任一些我完全不能胜任的

第三章 终身学习：知识力

新职位——对我而言那是一种真正的拓展——让我能以全新的视角看待事情。

一天晚上我接到一个叫鲍勃的人的电话，他是位于东海岸的飞兆半导体公司的人力资源负责人。他从网络上发现了我，并告诉我说他正在物色一个能胜任飞兆半导体公司总部人力资源总监一职的人。我当时住在中西部，虽然我对担任人力资源总监也有兴趣，但我更愿意待在印第安纳州的印第安纳波利斯市。我喜欢这个城市的生活，我的朋友和家人也都住在附近，我确实没有换工作的打算。然而，经过两小时的电话交流后，鲍勃说服我去华盛顿特区的公司总部参加面试。当时我就对自己说，"我有什么可损失的呢？"进一步了解之后，我意识到这个职位对我而言有点难度，因为它需要主导多项重大人力资源变革项目。但是，在某种程度上这也是这份工作令人激动的一面，因为我此前从未担任过如此重要的职位。

与此同时，芝加哥的另一家公司——标准石油公司，也向我表达了类似的意向。他们想让我在总部负责招聘方面的工作。我以前做过招聘，并在此领域颇有建树。另外，我也喜欢芝加哥，这是个有意思的城市。

在接下来的几周里，我前思后想，除飞兆公司和标准石油公司提供的两个新职位外，我还有第三个选择：保留我在印第安纳波利斯的现有职务。中西部对我而言是非常熟悉和亲近的。这里有我的家人和朋友。然而我意识到，虽然我目前的生活很美好舒适，但我还从来没有从事过突破性的工作，我需要一个能够令我全身心投入的工作。新环境也可以帮助我更好地学习和成长，提升自己的领导和经营能力。经过与朋友和家人多次交流后，我觉醒过来。我意识到我们待在舒适区的重要原因是因为这样的生活对个人而言美好而惬意。当然，这似乎也意味着故步自封。我当时还年轻，才 32 岁。我问自己，如果我接受在东海岸的工作，最糟糕的结果可能会是什么？

当然，接受新工作也有很多好处，比如可以得到丰富的经验；提高薪水；找到职业生涯中的跳板，为我带来更多的选择和机会。还有一些其他的好处，如让我了解在美国截然不同地区生活的情况。我是一个在中西部长大的人，想到可以去风景如画又和白宫那么近的东部地区，确实很让人激动。这些无疑都将丰富我的人生阅历。

然后我对自己说，"我最大的恐惧是什么？我是否能够驾驭这些?"强烈的恐惧感源自对未来的不可预知,担心不能实现新工作的预期。但我清楚自己愿意学习并适应新的工作,同时寻找可以在这个过程中指导和支持我的导师。

在对新选择的利弊加以分析之后,我对自己说:"给自己两年时间。如果新工作不成功,再回到中西部,并重新开始。"最终我接受了飞兆公司的职位并为之工作了六年。这对我来说,真是一个千载难逢的机会。从学习的角度看,它为我提供了很多新的机会。它让我离开自己的舒适区,踏入未知领域,挖掘并加强自身的应变能力。这次经历让我更加坚强、更加聪明、更有信心去发掘和捕捉其他未知的机会。

有时候,我们的内心会告诫我们远离各种冒险,尽管这些冒险可以提高我们的技能,增强我们的信心和毅力。然而我采取了审慎冒险的方式,每一个新获取的经验都增强了我接受更多新任务的信心,也帮助我找到诀窍,获得一系列独一无二的工作技巧。不断拓展和持续学习的渴望提高了我的商业敏感度,丰富了我的经历,并最终促使我创办了自己的公司。

希拉里最困难的决定之一是她是否应该竞选参议员。虽然她曾帮助过她的丈夫参选,但这次是要为自己竞选。她知道她不仅

希拉里领导力

要筹集2 500万美元的竞选费用，还需要跑遍全美54 000平方英里的土地去争取选票。这意味着她将耗费大量时间与社会各界人士，就经济、环境、文化以及政治议题进行会晤和探讨。走出舒适区！她确实做到了。

当挑战和机遇降临时，你可能会退缩，希拉里也曾这样试着从一些容易的事情开始，比如和你从未想过能与之一起谈话的人进行交谈。我记得曾培训过一个聪慧且才华横溢的女士。她从事医疗行业，是一个成功的外科医生。后来她找到了一份在工业生物科学领域的工作。她的知识和技能是能够为新工作和新机构带来直接价值的重要因素。总之，机构的高管看到了她的潜能，晋升她为管理者。该女士很喜欢领导工作，她喜欢挖掘自己尚未被发现的优势。当然，做管理者和做一个外科医生有着很多明显的不同。

我在培训她的时候，帮她制订了未来职业发展规划。她设定了一个目标：未来在现任的机构或别的公司担任CEO。要做到这一点，她需要有财务管理的知识和技能。我让她思考和发掘能帮助她实现自己职业目标的关系和渠道。她最终联系到她所在机构的首席财务官，问他是否有兴趣在接下来的几个月与她结对互

第三章　终身学习：知识力

助、相互指导——首席财务官帮助她提高财务管理方面的能力；反过来，她将帮助财务官提升医学和科学方面的能力。这是一件双赢的事。他们俩也很享受这种合作关系。随着时间的推移，他们甚至成为了好朋友。

在培训过程中，我提醒她思考这些问题：是否能够建立有意义的联系并寻求别人的建议？愿意指导你认识的人吗？愿意关心、关照和培养他人吗？这样做有乐趣吗？每次离开舒适区，你也需要问自己下面这些问题：我从中学到了什么？我做好了哪些事情？我下次将会做哪些不一样的事情？最后，如果你犯了一些错误，不要气馁，因为犯错误是在所难免的。

秘诀3：做足功课

我想在讨论持续学习时谈谈做足功课的重要性，我想所有人都曾经有过这方面的经历。不管你是一个一气呵成完成答题的学生，还是一个拖到最后一分钟才交卷的学生，我们中很少有人怀疑做足功课对考试的益处。有所准备，不仅能让你取得更好的成绩，还可以帮助你建立自信心。

希拉里在竞选参议院席位时，她做的功课增加了她成功的概率。她知道自己不仅要向纽约选民证明自己理解民众呼声，更要证明自己决心为他们工作。虽然她的团队提供每天更新的简报，希拉里知道最好的办法还是亲自去大街上观察民众生活和倾听民众心声。她策划了一系列的"倾听之旅"，使她能直接听到纽约市民的希望、恐惧、困难和担忧。希拉里的足迹遍布纽约州的62个县。她转战各地时乘坐的那辆改装过的福特货车被媒体戏称为"人权理事会快速货车"。希拉里访问了咖啡店、餐馆和市政厅。她走进选民的家庭，与大家围坐在餐桌旁交流。经过她的努力，纽约选民开始认为希拉里是对他们真正感兴趣的人。他们开始愿意与希拉里分享自身的担忧和故事。而希拉里则学会了如何正确地提问，并从各种答案的背后看到了民众的想法和个人经历。到后来，如果说与选民对话是一种考试，她不仅可以回答各种问题，甚至可以自己出题！

我所著的《粘胶地板》一书的其中一个章节就是关于利用政治手腕。蒂娜·宋是政府转型项目中公共服务合作协会的副主席。她通常在我们的香博领导力项目中与女士们谈论政治手腕的积极方面，她将你的商业准备工作与这项重要的领导能力连接起来。对一件事你了解得越多，就越能找出应对之道。这意味着你不仅应该了解某一主题的所有常规内容，还需要了解各种特殊情境。例如，蒂娜鼓励女士们问这样的问题：

- 背景是什么？
- 事实和假设是什么？
- 谁是关键角色，他们的立场是什么？
- 谁有权做决定？
- 谁是被影响的，他们的反应是什么？
- 我可以在什么地方提供价值？
- 我希望达到什么结果或产出？
- 达到目标的过程是怎样的？
- 潜在的后果是什么？
- 什么地方可能出错？
- 我的退出策略是什么？

做足功课是持续学习的重要组成部分。一旦你被公认为是一个持之以恒且能干好工作的人，不但你自己的信心会大大增加，别人也会对你更有信心。

希拉里领导力

秘诀 4：从失败中学习

在克林顿执掌白宫的日子里，克林顿和希拉里都被视为是糟糕的听众。他们经常从自身的信仰和操作原则出发进行推论。希拉里领导力学习过程中的最重要的教训之一来自她为国家医疗改革团队工作的经历。该团队直接受总统领导。希拉里对医疗改革的热情始于阿肯色州，在那里她为改善儿童保健发挥了重要作用。尽管她把先前的知识和经验应用到了这一宏大的事业中，但开头还是很糟糕。希拉里感到激情澎湃，因为她自认为自己和她的委员会提出的医保政策是所有相关项目中最快速有效的。这在某些情况下隔绝了那些批评她计划的人，使她没能听到反对的声音。她甚至有了自己的"战情室"，主要由与她意见一致的政党成员组成。希拉里要求她的团队阻止任何针对她的医保政策的"攻击"。唐纳·沙拉拉，时任经济委员会顾问，提醒希拉里说，要想成功就需要形成一个广泛的跨党派支持基础。可惜的是，许多因素最终导致了希拉里的计划并未获得跨党派支持，这次尝试也成了希拉里一个最大的遗憾。但通过这次经历，希拉里了解到，无论你觉得某件事是多么正确或令人激动，如果你想让别人

第三章 终身学习：知识力

倾听你的观点，你也需要倾听他们的观点。希拉里的成长体现在后来她在纽约进行的一系列"倾听之旅"中。而且，当她成功当选为参议员后，她的领导风格已经变得为更具协作性和包容性。

如果我们真正全神贯注于持续学习，可以肯定的是，我们都会犯错误。唯一致命的错误是不能从错误中学习。许多组织都会定期回顾各类往期项目以强调"学到的经验"。这类回顾的重点在于今后提高而非指责过去。我认为每当我们已经尽了最大的努力，而事情并未按照预期那样发展时，我们都需要这样的思维模式：不是强调过去的错误或问责，而是着眼于总结经验教训和未来的提高。

秘诀5：向他人学习

我一直是一个充满好奇心的人。作为一个生长在美国中西部地区的小女孩，我总是爱问"为什么"或"怎么样"，因为我不想错过发生在我身边的任何事情。我的父亲对我产生了巨大的影响。看着他如何一步步打造出全美最大的建筑公司之一，是我人生最宝贵的学习体验之一。建筑业现在仍然是一个非常艰难且充满竞争的行业，取得成功的关键是要及时了解客户和员工并与他们保持联系。我父亲没有坐等他需要的信息，而是经常到现场与员工、客户和社团领袖交流，了解他们日常工作中的关键问题、困惑和机会，并以此确定市场的最新趋势。然后，他利用这些信息来调整自身经营建筑公司的方式，并不断对公司进行改革和重组以树立并保持公司在建筑行业的领导地位。父亲是我的榜样，我们不能坐等别人教你。你必须主动出击、亲力亲为、开放聆听，不断研究如何成为行业的佼佼者并保持领先地位，同时持续地为他人创造价值。在很多方面，我的父亲是我一生的导师。

同时，在前进的路上，我也有很多其他的导师。对于有些人，我只是通过观察他们的行为来学习，另一些人则是我信息和见解的源泉，还有更多的人曾给予我非常宝贵的反馈。这些使我获益的人里，有的比我年长，就像我的父亲；有的则很年轻，比如教我社交网络知识的，才23岁。他们中有的人已经成为我公司的雇员，另一些则是客户甚至是竞争对手。他们都有一个共同点，就是我可以从他们身上学到东西。

最后，如果你还没有自己的私人董事会，那么现在是招募一个私人董事会的好时机。私人董事会由那些你信任且尊重的人组成，他们关心你，希望你成功，他们会为你解惑，给你明智的建议，并可以帮助你与那些能给你更多资源的人建立联系。私人董

第三章 终身学习：知识力

事会成员是你人生中一种特殊类型的导师，因为他们通常非常了解你并且在一段较长的时期内与你共处。他们不仅能在短期内、在具体的事情上帮到你，也能协助你建立长期的职业和人生规划。

你的知识力如何？

这里有一些问题可以帮助你检查可能需要持续学习的领域：

1. 你是否完全不了解别人对你的看法？如果你知道别人对你的看法，他们的看法与你对自身的看法是否相吻合？

2. 你是否觉得自己已经丧失了创意和灵感？你是否厌倦了每天的日常工作？

3. 你是否觉得心力交瘁？你在目前职位的工作动力是否低于你过去三年间担任其他职位时的工作动力？

4. 你是否经常寻找不同方法，以期给目前工作带来新的、不同的价值？

5. 你是否有过要去追逐梦想的念头，但却迟迟没有付诸实践？

6. 你是否收到过（关于你领导能力或者某项特殊技能）需

要进一步提高的直接反馈？

7. 你是否考虑在某个自己有浓厚兴趣但能力尚有不足的领域承担更多的责任？

8. 在承担一个新的"扩展"项目之前，你是否因为害怕失败而犹豫？

9. 你能否说出至少十人，在过去的一年曾帮助过你发展成长？

10. 你是否定期征求反馈意见、支持和建议？

如果你对上述任何一个问题的答案不满意，你可能需要专注于你的持续学习。同样，这里有五个秘诀。

持续学习的秘诀

秘诀1：持续增强自我觉察

秘诀2：走出舒适区

秘诀3：做足功课

秘诀4：从失败中学习

秘诀5：向他人学习

LEADERSHIP SECRETS OF HILLARY CLINTON

第四章

无比坚忍：真实力

领导力不在于我们做什么,而在于我们是谁。我们是谁这个问题的基石是我们价值观的真实自我表述——我们支持什么以及我们如何评价他人。这也构成了他人在背后议论我们时对我们评判的基础。

在如今的商业环境中实现卓越领导,一定要有真本事和商业敏锐度。然而,让领导者获得影响力,并有能力做出艰难决定的却是他们的真实力。简单来说,真实力是与你的价值观和核心信念保持一致的。你的价值观是指你认为代表着对错的事情,以及你认为对于你和他人来说什么是成功。真实力包括知道什么对你重要,你决定做什么,以及从短期和长期来看你应该先做什么后做什么。真实力会给你带来真正的方向感、明确的目标和愿景。它就像你生活中的指南针,使你言行一致。当其他人看到你的这种一致性后，他们会更加相信你，尊重你，也更愿意追随你。

在当今的环境下，真实力在各项领导力中变得非常重要，因为它为不断面对新挑战、应对诸多变化和不确定性的领导者们提供了一个锚。也可以说，真实力是一个稳定的导航系统，让领导者知道什么时候偏离了轨道，为了最终的胜利需要中途做出哪些纠正。真实力让领导者有信心战胜风浪，而不受错误观念或者一些小挫折的影响。

然而，我想指出的是，真实力的获得不能一蹴而就——它需要一系列的生活经验，以及从这些经验中学习以塑造真实自我的决心。

希拉里的真实力

希拉里是当今政治舞台上最具吸引力的女性之一。她已经出现在公众视野中将近二十年了，但是仍有许多政治分析家在问：希拉里·克林顿是谁？我想，这个问题可没有一个简单答案。但是她过去这些年的职业生涯，确实让我们更有机会了解到她不仅

第四章　无比坚忍：真实力

聪明过人且注重实效，还有一些相当讨人喜欢的个人特征。

在大选之路上，她强调了自己和竞争对手不同的经历，这在某种程度上把她变成了一个"名人"。在那种情况下，人们想把你放在显微镜下，报告和谈论关于你所做所说的一切事情。然而，2008年时人们对希拉里的认知已经有了很大转变。过去，人们认为她没有同情心、易怒、以自我为中心。

当她开始参选并获得纽约参议院席位时，情况开始改变了。在竞选过程中，人们看到了她的好奇心、同情心和忧国忧民的情怀。2006年，丹·阿克曼和伊莱恩·S·波维奇在《福布斯》上发表了题为《希拉里·克林顿总统？》的文章。文中写道，"她似乎在思考每一个问题的答案，即使她之前已经听过同样的问题很多次了。她与人进行眼神交流，她对事物的评论闪耀着睿智的光芒。她知道她是在公开发言，但是给人的感觉是即使是私人谈话，她给出的答案也会差不多。"

希拉里拜访了纽约州的每一个小城小镇，并用心倾听纽约州民众的声音，她因此变得非常出名。她当选参议员之后在参议院的表现更是让不少参议员同事大吃一惊。此前他们认为希拉里会固执己见、老谋深算且苛刻无情。然而事实恰恰相反，希拉里并

希拉里领导力

没有指望获得任何优待,她也没有总去出风头,而是加倍努力工作,并通过丰富的人际关系网来凝聚共识。在《纽约时报》的一篇文章中,作家亚当·纳格尼写道,希拉里是"一位名人参议员,她永远为同事提供一杯咖啡,或者在星期五晚上志愿做会议的主持人,或者在记者招待会上往后站而让其他人发言"。卡尔·伯恩斯坦在《希拉里传》中写道,"她工作十分努力,尤其是为那些不支持她的人,似乎是为了向他们证明她并不是他们想的那样。"人们逐渐知道了她是一位忠诚的倾听者,同样也是一位有经验的辩手,还具有强烈的幽默感。随着她越来越多地展现她的真实力,希拉里的转型也就开始了。她靠自己取得了成功,无论是作为一个候选人还是一位参议员。而且她也正按照自己的方式在做事。

希拉里在竞选纽约州参议员时,并没有想到演讲能够展示她的个性。所以她在纽约州许多地方都参加小型亲密的家庭式聚会。她在《亲历历史》里与人们分享这段经历时,说到她会与人进行不那么正式的交谈,并回答他们关于她的婚姻、她为什么搬去纽约、卫生保健、照顾孩子以及其他他们问的任何问题。

人们开始认可并且欣赏希拉里给人的那种很自然的温暖和对

第四章　无比坚忍：真实力

人真正的关心。当然，希拉里的野心仍然很明显，但是人们说得更多的是她在个人层面上讨人喜欢的一面，比如她慷慨赞美他人和她总是记得他们生活中有意义的细节。

当人们开始全面看待希拉里时，也给了她积极的回应，因为人们通常都喜欢并且支持那些自我感觉良好，并且有自信来展现真实自我的那些人。这种积极的反馈让希拉里更有自信来做真实的自己，她也越来越多地发现了真实的自己。在希拉里之后开始的竞选之旅中，她收获了近1 800万粉丝，并成为有史以来在重要政治竞选中获得支持票数最高的一位女性提名人。

你的真实力从你开始

希拉里成功展示了自己作为领导者的真实力。为什么我们不能尽早在职业生涯中明白真实力在我们自身和其他人身上所蕴含的巨大力量呢？有人需要弄清楚自己是谁，有人寻找教练或导师的帮助。底线就在于，当你作为领导者时，你越早知道你是谁并且有目的地展现真实的自我，你就会越成功。不管你是已经知道并且具有真实力的领导者，还是你正在努力地定义你的真实力，本章都会给你提供一些实际的方法，来帮助你建立或形成这一领导力要素。

秘诀 1：接受自己的领导风格

请记住，你处事的行动指南和真实自我源自你的内在，而不是别人的看法或期待。一旦你开始做真正的自己，你会感到强烈的认同感以及发自内心的自信。首先，作为领导者，你要为真实的你找到一个舒适区。你要花时间回头看看，确定你的核心价值观和原则，然后就一定要言行一致。

问一问你自己，为什么别人要跟随你，把你当作领导者。是因为你做的事还是因为你这个人？也许更多是因为你这个人，而不是你做的事。要获得真实力，你就要有自知之明。然后，你需要坦然接受自己，并在你的决定和行为上反映出自己的价值观。一旦你确定了那些定义你自身的关键方面，那接下来很重要的一点是你必须用一部分时间反思自己做得如何以及做得正确与否。

下列问题能帮助你创建或者重塑作为领导者的真实力：

第四章 无比坚忍：真实力

领导力价值观：对你来说什么最重要？

● 你最看重的五个价值观是什么？在你现在的角色中，你如何对它们进行排序？

● 当这些价值观和你的行为冲突时，你怎么处理？

● 当你有压力时，你会在多大程度上偏离这些价值观？

领导力原则：你的核心信念是什么？

● 指引你的领导行为和行动的原则是什么？你会与其他人分享这些原则吗？

● 如果你忽视了其中一个重要领导原则，会给你带来什么损失或者后果？偏离轨道会影响你的可信度或者别人对你的尊重吗？

● 你的领导原则适用于你现在的领导角色吗？

我记得在希拉里宣布她将竞争美国民主党总统候选人提名的时候，我在乔治城出席了一次有希拉里参加的晚宴。我们进行小组谈话的时候，一位知名的商界领导人问希拉里，为什么她在忍受了媒体对她喋喋不休的批评之后，还是想竞选总统，"你真的还想再次经历这些吗？"希拉里回答道："关于我，已经没有什么可以挖掘的了。我经历的批评和其他候选人一样多。我现在对改变别人的想法不怎么感兴趣，我更喜欢做真实的自己。"

深入了解你是谁和什么对你是重要的，只是你作为领导者要获得真实力需要做到的一半。关键的另一半是学会接受你自己。你必须承认并接受自己的优点和缺点。一个很好的例子是希拉里在担任第一夫人期间领导美国医疗改革的经历。她当时致力于改善全美国人的卫生保健，但她随后意识到并承认，她所做的和她自己的意图及领导观念相冲突。这让她认识到如果想做好一件事并赢得他人的支持，就要采取一个更全面的视角而不是在真空中进行工作和领导。因此她不仅承认了自己的不足，还使自己的领导风格变得更加合作和宽容。这在很大程度上帮她成为了一名成功的参议员，也为她后来担任国务卿巩固了基础。希拉里没有在错误上兜圈子。这是让她有坚忍力的关键原因，因为有坚忍力的人不会待在谷底，不会重复自己的错误。他们开诚布公地让别人知道他们学到了什么，也让人们知道他们是如何把弱点变成机会并在下次做得更好，然后继续前行。

如此一来，当你遇到困难或者有人挑战你所做的事情之时，

第四章 无比坚忍：真实力

你就没那么脆弱了。这也帮助你在对自己不满时，调节自己的情绪。在你作为领导者需要有坚忍力和自我支持力时，正是这种自我接受帮助你消除自我怀疑，不再心烦意乱。

要做到这一点，花些时间和那些了解并信任你的人在一起。结交一小部分能像共鸣板那样为你提供反馈的朋友，对于在充满竞争的环境中如何利用你的长处、克服你的弱点等问题，他们会为你提供意见。他们还可以帮你扩展你内心的边界——这往往决定着在你与真实自我发生冲突之前，你可以走多远。

要记住，作为一名领导者，保持真诚并遵从本心，能够帮你驱走恐惧，因为如果坚持从自身的价值观和坚定的信仰出发来做事，即便是在最困难的情况下，也将给你带来惊人的自由感和坚忍力。

秘诀2：言行一致

毫无疑问，这些年希拉里已经将自己转变为一名领导者。她的工作和婚姻，经常意味着她要离开熟悉的地方，这使她不得不迫使自己去调整和适应新的情况。然而，尽管她的生活和工作充满了变化，她仍然一直通过坚持她的真实价值观和核心信仰来保持她的真实力，包括一贯致力于她早在卫斯理时就支持的卫生保健、妇女权利和儿童保育等事业。核心信仰很可能是促使她选择公共服务的一个原因。雷吉·范·李是博思艾伦医疗系统的高级执行官，这些年他在很多政治事务上都和希拉里共过事。他和我分享说，希拉里真实力中最大的因素是即使面临诸多挑战，她也仍能坚守自己的信念。他亲眼目睹了她在日常生活和职业生活中一直坚持这样做。雷吉举了一个卫生保健的例子：希拉里还是第一夫人时，就一心投入医疗改革，但没有成功。尽管如此，她后来在担任参议员职务的时候，仍然为医疗改革积极努力了将近十年。我认为这就是"言行一致"的典型事例。作为一名领导者，你的注意力会很容易从你当前关心的事情上分散开来，这时重要的是保持你的关注点并持续为其努力。

花点时间来问问你自己：

- 我的内在动机是什么——那些内在驱动力在我的生活中是一直保持一致的吗？
- 为什么这些对我来说最重要？
- 在过去的六个月里，我的行为是如何与自己的内在动机

第四章 无比坚忍：真实力

> 保持一致或者支持它们的？
>
> ● 在过去的六个月里，我有没有做过一些事情，让其他人以为我已经放弃了那些我曾经认为对于成功很重要的东西？

当你迫于压力而不得不以某种与自己真实信仰或认知相反的方式思考或行事时，往往很难继续遵循自己的核心价值观和原则并承认自己内心的真实动机。这会让你感到孤立无助。所以，你要与那些了解你的意图并且视你为可信任的领导者的人为伍。

最后，以真实的你来实施领导，经常需要说实话。在今天的政治或者商业环境中，为了取悦别人或是为了让我们在同事面前有面子，我们有时会被迫说一些违心的话。而真实的领导者不同，他们坚持说真话。他们永远不会说与自己价值观和行为不一致的话，不会背叛自己。但这并不意味着你可以说伤害其他人的话。说实话仅仅意味着明确、坦率和真实。

秘诀 3：表达真实自我

我必须说，职业生涯早期的希拉里，并没有展现出她真实的自我，特别是她感性的一面。不过，从 20 世纪 60 年代起，一直

希拉里领导力

到90年代初,女性领导者往往不得不采取那种果断的、强势的甚至是对抗性的男性领导方式。因为这些特点往往被认为与有效领导力相关,从而在男性领导人圈子里风行。这也许解释了为什么在那个时候,希拉里广为人知的是她外表强硬、意志坚定、谋定而后动、不屈不挠的一面,而不是她平易近人的一面。

2008年,在新罕布什尔州的一次竞选集会上,希拉里真实地表达了自己,给公众留下了深刻的印象。她在回答听众问题时,有一瞬间甚至流下了眼泪,这出乎所有人的意料。除了希拉里的密友和家人之外,没有人真正见过希拉里的深层情绪和内心的情感表达。民众看到的是她站在台上对一大群人做演讲,或者在电视上被媒体盘问。她这一次的表现是对自己坚持和专注的事情有感而发。但重要的是,她表现出作为一个人,一个女人的真实,那就是她也有和其他人一样脆弱的时候。希拉里给人留下的这个印象,将她与听众,尤其是女性听众,真正地联结了起来。

这是激动人心的时刻。可能如一些人所说,这是因极度疲劳的竞选日程所致。也有人认为希拉里只是流露出她誓为这个国家服务的真实感受。不管怎样,这种个人化的反应使美国女性对她有了新的认知。突然间,她们看到这位强硬的政治候选人,也和

第四章 无比坚忍：真实力

她们一样，既真实又脆弱。这之后不久，民意调查就显示希拉里获得了大多数女性选民的支持，因为与别的候选人相比，女性选民在希拉里身上找到了更多的身份认同感。

当希拉里开始流露出真实情感后，她意识到人们喜欢她的那一面。她开始更多地公开谈及自己的个人生活，包括她的家庭教养和她的母爱本能，以及许多其他对她影响深远的经历和教训。

她也开始展示出自己生性风趣幽默以及女性化的一面。有个例子就是她参加了《大卫深夜秀》节目。尽管当时她有一点紧张，因为她知道脱口秀节目主持人有时会刁难嘉宾，但她仍希望能够将自己真实有趣的一面展示出来。希拉里面对大卫·莱特曼的巧妙应答令观众哄堂大笑，而她说她自己也玩得很开心。那一次电视谈话节目令很多人对她的看法有了惊人的转变，认为她变得更人性化和更风趣。

虽然你我都可能并不喜欢在公共场合落泪，但是能够与别人分享我们真实的想法和感受，分享个人故事，确实能够促进和加深我们与他人之间的关系，为我们赢得尊重和信任。关键在于你要清楚在什么时间和地点可以允许自己展示对周遭事物或者自身的感觉，分享真实的自己。

当我培训领导者如何与员工相处，特别是在困难时期或面临挑战的时候如何与员工相处，我总是建议他们先表达一下他们个人的悲伤、脆弱和恐惧。一旦人们知道你的这些真实情感后，他们会更愿意，也更能够和你建立连接，因为他们觉得你很真实，从而最终对你更为尊重和支持。这也有助于建立一种持久的信任和契约关系。它有助于创建领导者的积极形象，提高透明度。总之，你需要平衡你的智商和情商。这都是为了让人们知道你有足够的信心来和他们分享真实的你。这就是生活，这就是人，这就是真实。

秘诀 4：创建个人品牌

和真实自我息息相关的要素是个人品牌。许多公司花费数百万美元来塑造它们自己的品牌，因为品牌以及人们对这个品牌的认知度是公司立命之本。公司建立品牌，培养品牌，保护品牌并捍卫品牌。在必要的时候，公司会通过改变既有的品牌认知来重塑品牌，以应对艰难时刻并取得更大的成功。

同样地，我们个人的谋生之计取决于我们作为领导者的品牌。我们的同事、老板和顾客对我们的认知，在我们捕捉机会、

第四章 无比坚忍：真实力

获得晋升的过程中起着很大的作用。当你的事业发展到现在的阶段，如果你已经有了你想要的品牌，那么恭喜你！但是如果你没有，那么你就需要重塑自己的品牌。重塑自己的品牌确实可能有一定的挑战性，因为长久以来的既定看法往往很难改变。但是，通过努力，你可以动摇它们，改变那些你不满意的认知，并且创造一个全新的、能帮助你实现目标的个人品牌。

我在培训商界领导者，帮助他们建立个人品牌的时候，会鼓励他们从认清他们自身的核心优势开始。当这些优势持续展现出来后，就能够合成个人品牌。你尤其应该找寻你身上独一无二的优势——它能让你从人群中脱颖而出。我把它叫作标志性优势。这些独特优势可能是你真正喜欢做的事情、做得非常好的事情或者凭直觉做的事情——所有这些都会引导你做真实的自己。

当你清楚自身优势并凭借它们来实施领导时，你的品牌就会逐步形成。那时你就可以控制别人对你的认识和评价了。

在通过你的个人领导力品牌定义你的真实力时，有几个问题需要考虑：

> ● 在别人眼中，你希望自己哪四到五件事情最让人印象深刻？你希望他们如何描述你？
>
> ● 在工作中，有哪些机会能够为你创造出这些特别的形象？你在哪些方面能体现自身的领导力品牌？
>
> ● 在给别人留下这些印象时，你进行计划了吗？所花费的时间和精力有多少？你真的是有意识地在这样做吗？
>
> ● 你会在会议上持续地塑造这些形象吗？和你同事在一起时呢？演讲时呢？使用电子邮件沟通时呢？
>
> ● 在你服务的组织中，你想把自己和谁联系起来呢？尽管类似的讨论往往引发争议，但是你作为领导者的品牌总是与两件事相关联：你认识的人以及别人对你是否是一个"有关系"的领导者的感知。

最后很重要的是，不要在真空中运作和构建个人品牌。你需要得到反馈，以了解别人对你的认知和你所做的事情给别人留下的印象，从而决定你需要做哪些改变。寻找你信任的人在这个过程中帮助自己。邀请他人来观察你的行动，看看你如何能更加凸显那些你想让别人了解的特质。你说了什么？用什么语气？过程

第四章　无比坚忍：真实力

是怎样的？你是何时成为你理想中的那种领导者的？你为什么做到了？你是如何做到的？有了这些信息，你就已经准备好为自己构建一个强大的品牌了。

秘诀5：讲出你自己的故事

"真实力"这个词和"作者"这个词有共通之处，都是书写自己的故事。我们每个人都是一本书，因为我们都有独一无二的经历，那些塑造了我们今天的成功和失败的经历。承认和欣赏自己个人经历的领导者，会有天生的自豪感和骄傲感。他们能将今天的他们与过去的一些特定的经历和影响联系起来。他们能够讲述那些属于他们的故事，故事里有机遇和挑战，有失败和成功，也有生活中的起起落落和大喜大悲。他们很清楚自己仰慕的人是谁，对自己有重要影响的人又是谁，也很明白是谁在他们人生中最重要的事情上改变了他们的想法和观点。回首往事，想到窘境，他们会自我解嘲。对那些伤害过自己的人，他们会选择原谅。他们很清楚，不管这些故事是什么，如果没有这些故事，他们断不能成为今天的样子。

同样重要的是，他们不畏惧同别人分享自己的故事。当我在

希拉里领导力

听许多商业领导者讲述自己的故事时，我发现真正的领导者谈论更多的是自己所学到的、关心的或者支持的，而不仅仅是讲他们获得的职位或者奖项。他们看重的是用故事来展示他们的理解或观点，而不只是故事本身。他们用这些故事将自己和他人连接起来，并邀请他人进入他们的生活。这些故事或有趣，或悲伤；或冗长，或精悍。你所有的故事都是你真实力的一部分，每一个故事都将你与其他人区分开来。

在我演讲谈到当今领导者的坚忍力和真实力的重要性的时候，我经常会问听众，如果你在电梯遇到一个人，并且只有三分钟的时间，你要讲述的故事是什么？在有限的时间里，故事简短明确很重要。简洁、有针对性的故事能帮助人们更好地了解你是什么样的人，你支持的是什么，以及是什么让你和其他人不同。

在《亲历历史》里，希拉里分享了她的故事，勾勒出了她今天的肖像。她写道：

> 大家支持我是为了让我来爱上帝和我的国家，来帮助其他人，来保护和捍卫那已经激励和指引了自由的人民上百年的民主理念。这些理念从我记事开始就已开始形成。20 世纪

第四章　无比坚忍：真实力

50年代的童年生活和60年代的政治生态唤醒了我对国家的义务和我对服务的承诺。我曾参与过两届总统竞选，并曾履第一夫人之责，这使我看遍了我们所有的州，也曾访问过七十八个国家。每到一处，我遇到的人或看到的事都让我打开思维、敞开内心，并加深我对大多数人普遍关注的问题的理解。

每个人都有自己的故事。花时间来连接我们的过去和未来很重要。我们要确定我们自己生活故事的真谛，这样我们的故事才会成为一个强大的工具，让别人知晓你的激情、优势和价值观，而这些能使你带着真实力去领导。

和希拉里一样，我们都有自己的故事，也正进行着我们各自的人生之旅，生活会继续影响着我们的真实自我和我们所支持的东西。伟大的领导者并不怎么关注自己的头衔、关系网络或名誉地位，他们更关注是什么使他们走到了今天。过去的经历帮助他们去创造、去领导，成为有真实力的人。对于希拉里来说，正是她丰富的经历、她遭遇的困境和挑战，以及她的目的感帮助她成就了今天的自己。对于希拉里而言，不是工作头衔或者金钱奖励使她与众不同、强大无比，而是她的热忱、她为国家服务的意识成就了今天的她。在各个情境中，无论是在家庭、教育、医疗保健或者国际事务领域，她都是积极变革的推动者。

按照以下步骤，开始讲出自己的故事吧：

1. 回忆童年阶段，有哪些人物、事件、经历、成功和失败对你的生活有重大影响？

2. 上述哪些事情有助于塑造你的价值观？你排序前五位的价值观是什么？

3. 帮助你形成你现在的愿景和目标的关键事件或者转折点是什么？

4. 当你的前五位价值观和你现在的生活发生冲突时，为了回到正轨，你会怎样做？

5. 在你人生的旅程中，你的目标和优先事件是什么？

总之，我想让你知道，你离开的时候，你的故事会继续在别人心中萦绕。拥有真实力的领导者会留下精神遗产。成功固然是好的，但意义更有价值。你生来是为了奉献，并在你周围的人身上留下印记。**当你不在自己的故事框架中生活的时候，你就背叛了自己。**真实的领导者会不断讲述他们的故事，持续给他人的生

第四章 无比坚忍：真实力

活增添价值，并创造一个更美好的世界。

本章初步划定了一条衡量你作为领导者的真实力的基线。你可能对领导真实力的某些方面感兴趣，又或者你现在就想专注于其中的某个点，下面是打造领导真实力的五个秘诀：

真实力的秘诀

秘诀1：接受自己的领导风格

秘诀2：言行一致

秘诀3：表达真实自我

秘诀4：创建个人品牌

秘诀5：讲出你自己的故事

LEADERSHIP SECRETS OF HILLARY CLINTON

第五章

拥抱变化：变革力

我敢肯定，你以前肯定听说过这句话，但我认为仍然值得一提："生活中唯一不变的就是变化本身。"如果你现在是一位商界领导者，你可能每天都生活在这种状态中。想想我们如今在组织中"重做"的所有事情，比如结构重组、规模调整、业务流程再造等等。真正的领导者并不是在"惯常不变"的环境中领导，而是在艰难的、模糊的、变化的状态下领导。这就是我们正在经历的现状。

虽然在过去的十年中，变革实际上已经成为商业生活的常态，但它仍然是我们面临的难题。你知道变革仍是企业高管们的头号难题吗？创造性领导中心的一项研究表明，高层领导者失败的主要原因是他们"不能有效地应对变革或者适应过渡期"。这是坏消息。好消息是该项研究同时也表明，在领导者能力中，坚忍力是在巨大变革中取得成功的关键因素。所以，本章的重点是，作为一位有坚忍力的领导者，你要如何拥抱变革，将变革作为证明你自身价值的一次机遇。

把变革转化为机遇的关键在于，要想成功地引导他人顺应变化，你必须首先能够在你自己的生活中拥抱变化。希拉里曾经这样评论美国面临的形势，这个评论对我们每个人来说也是适用的："应对变革的挑战总是很难的。重要的是我们要开始应对那些挑战……并且意识到，我们每个人都扮演着某个角色，这样的角色要求我们做出改变，并更加负责任地塑造我们自己的未来。"

商界领导者常犯的一个错误不是回避变革，而是继续依赖旧有的甚至是过时的行为模式和技能。我记得曾经培训过一位企业家，他当时正在努力进行机构重组。该公司正在试图打破现有的"孤岛"，向矩阵组织结构转型，以创建一个跨部门合作的工作环境。这位企业家十分传统，有些专制倾向，团队合作意识也不强。我们刚开始合作的时候，他把自己的一天描述为"不停地碰壁"，似乎任何东西对他都没有意义。但是他仍然继续照原来的方法做事，并期待得到不同的结果。幸运的是，培训一段时间后，他向后退了一步，从另一个视角看问题，并做出了不同的选

第五章　拥抱变化：变革力

择。我们花了一些时间，帮助他重新评估自己的设想、行为和领导风格，找出他过去总碰壁的原因。他对自己有了更准确的认识后，意识到自己必须做一些重要的转变。他首先更新了为自己和公司树立的变革的愿景，然后开始调整自己的领导风格和沟通方法。这些新的做法无疑能够帮助他在组织中更有效地推行"正确"的变革。

但这对他来说并不容易，也不能一蹴而就。同样，在你领导的组织中，要想主导一场重大的变革也是不容易的。变革的发生需要决心、专注和汗水。在新罕布什尔州的总统竞选辩论中，希拉里说："改变无关你的信仰，无关你的言论，它只关乎努力工作。"她接着说，"我们需要的是能够带来变革的人。在新罕布什尔州，有7 000个孩子有医疗保险，因为我帮助创建了儿童健康保险计划；有2 700名国民警卫队和后备人员能够获得医疗服务，因为我冒着被布什总统一票否决的风险推动了这个立法。"希拉里成功了，因为她坚持不懈，并通过努力工作来克服困难。有很多变革的努力失败了，是因为人们很多时候不知道要改变什么，或者是缺乏正确的解决方法，或者是低估了为实施并维持变革所要付出的努力和艰辛。

下面这些秘诀将帮助读者了解：个人如何学习拥抱变化；从职业角度看，如何实现变革。

秘诀1：承认变革中的人性因素

作为人，我们的思维、假设和行为往往会遵循特定的模式，这些模式会限制我们做出改变的能力。除此以外，变革容易让人迷失方向、感到不适甚至恐惧，所以人们一般都会本能地抵制变革。对付这种负面反应的最好办法，是了解人们在面对会影响到他们个人的变革时通常经历的阶段。

回忆一下你所经历过的重大变革，可以是个人生活中的或者是职场上的。即使你对变革带来的可能性感到兴奋，想必你也还是经历了这样一个过程，即从最初的为难、胆怯甚至可能是悲伤，到后来距离"新标准"越近，压力也越来越舒缓，心情也越来越愉悦。我的公司在给那些正经历重大变革的组织做咨询的时候，会画出变革本身的蓝图，并将它与个人要经历的各个不同阶段关联起来。这是一门与人类行为直接相关的科学。如果你充分了解了这些阶段和关联，那么你就能在变革的每个阶段，都更加平稳顺利地渡过。

第五章　拥抱变化：变革力

组织变革专家威廉·布里奇斯先生认为人们从旧的做事方式过渡到新的做事方式，一般需要经历三个阶段：告别过去、探索未知和开始新的历程。

在告别过去时，人们会感到失落，这必须要处理。他们常常会经历愤怒、退缩、悲伤和挫败以及抵触等情绪。这个时候，他们会将注意力放在过去而不是未来。最终，总会有人能快速恢复过来，开始认识到变革的好处。但是，在这个阶段，成员倾向于内部交流而不是采取行动。

在希拉里竞选美国参议员之前，她必须向过去说再见，即向她曾经的第一夫人身份说再见。正如她在书中分享的那样，对于希拉里而言，这是个人反思阶段。她在自己的回忆录中写道，在白宫八年的生活考验了她的忠诚、政治信仰和她的婚姻。她也承认，虽然她和克林顿都有些失误，但是她仍然感到很欣慰，因为她知道通过他们的努力，美国成为了一个更强大、更美好、更公平的国家。每个人都会用自己独特的方式去处理过去。但是，对于希拉里来说，这是一段让她反思自己消极面和积极面的时间，也是她总结自己收获了多少新知识和新智慧的时间。然后，她有意识地将自己从这些经验中学到的新东西带到她的下一个角色中——无论这个新角色是什么。这是一种多么奇妙的告别自己的过去的方式啊!

探索未知是变革的第二个阶段。它通常会带来很多完全不同的问题。这些问题大多和"我现在是谁?"这样的身份定位有关。在探索未知的时候,人们更关注当下,把精力投入评估形势、进行选择和寻找解决方案上。

当希拉里结束第一夫人的生涯离开白宫,开始她的参议员竞选之旅时,她花了几个月时间来了解有关纽约州民众的情况,以及如何使自己不同于竞争对手。她从来没有亲自参加过这种竞选。像所有人一样,在这个探索阶段,她开始发现自己有能力掌握地方政治的复杂性,有能力去了解纽约北部和纽约市郊区在个性、文化、经济方面的巨大差异。她把这个阶段叫作在纽约和其所有相关事务上的"不停碰撞期"。在回忆这一经历的时候,她这样说道,"我发现了我作为一个政治候选人在能力方面的优势和限制,并最终超越自己,我对自己的自我经营负责。"即使对希拉里来说,这也是一条陡峭的学习曲线,有着反思和停顿的过程,她的事例给我们一个很好的提醒:在重大变化中,当你确定你的选择并明白新选择意味着什么的时候,你作为变革推动者,

第五章 拥抱变化：变革力

就开始清晰化自己的角色。你可以去了解需要发生什么，并决定自己如何参与才能将事情引导到合理的方向。

在变化的最后阶段，就是新历程的开始，人们逐渐将注意力转移到自己之外的事情上，并开始关注别人。

在这个阶段的组织变革过程中，人们开始注意到工作常规正在被重建，也开始意识到该如何在新的环境下工作，让人觉得更稳定、联系更紧密的社交网络也在重建中。人们开始知道该怎样去帮助处在同样情境下的人，也明白要如何做才能获得成功。在希拉里的事例中，她的坚忍力、勤奋以及说一不二的作风帮助她迅速地到达这一阶段。如果你是一个变革的推动者，那么你可以向希拉里学习。

秘诀2：永远不要抵制好的变革——主动引领变化

在开始阶段，人们对重大变化总是有些谨慎，这是很正常的。但是现在你了解到变革过程中人的因素以后，就可以在最短的时间里跨越这个本能抵制的阶段。如果你有足够的坚忍力，反应迅速，主动引领变化，则无疑会在变革中增加自己的价值。

一位有坚忍力的领导人是既有适应力又有灵活性的。前提条件是你乐见变革，也乐于接受机构重组或者新的行事方式。这也要求你了解变革的条件，并积极响应它们。但是如果你抗拒改变，你就无法做到这些。

如果你正在经历变革，并且能感觉到自己在抗拒改变，问问自己这些问题：

- 我是否不愿意为变革而做出努力？
- 我的反抗难道仅仅是本能反应吗？
- 我是否觉得自己会失去一些东西？
- 我害怕失去既得利益吗？
- 我能灵活适应新的环境吗？
- 我在极力避免用新的方式做事吗？
- 我害怕变革会带来失败吗？
- 有其他人来向我抱怨当前的变化吗？
- 我在向别人请教变革管理的时候，是否犹豫？
- 我是否是坐等别人来向我寻求变革相关帮助而非自己主动采取行动？

第五章 拥抱变化：变革力

如果你对这些问题的回答都是肯定的话，我建议你反思一下你对待变革的态度和你在变革中的角色。大多数情况下，你的预设和信念已经根深蒂固地植根于你头脑中，也许需要重新审视。记住，如果不从根本认识的角度上去反思你对待变革的态度，你很难成为你原本可胜任的变革推动者。

我记得小时候，我们家就在印第安纳的湖边。每个周末，我哥哥和我都会到湖上去做帆船航行。航行教会我的是，你不能被动等待风向变了之后再做出反应；相反，你要在风向改变之前就进行预判和调整。在帆船比赛中，我们要盯着前面的船，看它们是怎样根据风向顺利驾驶，然后，最关键的就是使用这种洞察力来成功调整我们的航程。在我看来，这是拥抱变革的一个很好的比喻。

你需要寻找变革来临的迹象，然后调整你的态度和行动。这样你就成为了变革的一部分而不是仅仅被动地接受影响。通过提问来表达你的兴趣，然后主动采取行动推动变革，以展示你的领导力。

秘诀3：专注于你能够控制的事情，让期望切合实际

在变革过程中，我们经常会感到我们无法掌控的事情越来越

多，而我们能够控制的事情却在不断减少。结果就是，我们感觉自己像受害者，开始责怪别人或为自己找借口，即使我们的感觉是不正确的。很多时候的确是这样，当我们把自己当成受害者的时候，我们的精力就会集中在我们可能的损失上，进而感受到威胁。为了应对这种对变革的消极反应，我们必须将重点放在那些我们能够控制的事情上。如此一来，我们就能更高效地利用我们的时间，并且对未来充满信心。事实上，有时我们"松手"并放弃一部分控制权，新的机会往往就会出现。在很多时候，我们能够扩充在其他领域的知识，学到新的做事方式，甚至最后很可能看清楚哪些事对我们才是真正重要的。

从根本上避免犯上述认知错误的最好办法，就是客观地思考，区分出哪些方面是你不得不接受的变革或转型结果，而哪些方面仍处于你的可控范围内。

下面这些问题，能够帮助你更好地区分：

- 在这个变革中，我无法控制的事情是什么？谁在做决定？为什么他们会这样做？我如何才能从这个变革中获益？
- 如果我失去了对这些事情的控制，可能发生的最糟糕

第五章 拥抱变化：变革力

> 的情况是什么？
> ● 哪些事情是我可以控制的？我如何才能对变革中这些自己可控的部分产生影响？
> ● 我应该立即采取哪些行动以便更好地利用当前局势？
> ● 谁能帮助我厘清局势，并制定出一个有助于事情向好的方向演进的行动计划？

当你开始探索新的可能性或制定新目标时，重要的一点是确保你的期望切合实际。把计划细分成很多小的部分，让自己每一步都能看到实实在在的进步，所需付出的总的努力就不至于那样令人望而生畏。要记住的是，无论你面对的是个体变动还是组织变革，确保取得一些"短期的胜利"都很重要。

另外，你应该预见到变革过程中会产生的一些变数。即便我们尽了最大努力来避免，沟通中出现障碍甚至误解都很正常。在变革过程中，不管你原定的计划有多好，总会需要在中途进行修正，因为情况总是在变化，而你对形势的理解也在进步。我们也许无法预测将会发生的所有问题，但是如果我们的期望是切合实际的，我们就能在变革开始时粗略勾勒出将来可能发生的问题并大致制定出应对方案。

秘诀 4：勾勒并分享你对未来的愿景

愿景，简单地说，就是用语言勾勒出的画面，描绘的是变革所带来的结果和未来。它帮助人们看到，通过变革，美好的明天在哪里。愿景有助于你获得人们的支持并吸引他们参与到变革的过程中来。

如何勾勒出一个清晰、简洁、一致和有吸引力的愿景，对一些人来说要比其他人更容易。我认为希拉里作为国务卿，为美国外交政策勾勒出的愿景是很明确的，这是毋庸置疑的。2009 年 3 月，《华盛顿邮报》这样报道：希拉里摆脱了旧有的、教条的外交关系和标签。在这个愿景中，她这样说："我们希望不但能和新的国家伙伴们围桌而坐共商政事，而且也要建立政府和非政府行为主体间的网络、同盟和伙伴关系以应对当前面对的具体问题。"诸如"伙伴关系"、"承诺"和"共同利益"这类的关键词意味着美国将鼓励新崛起的大国成为自己全面合作的伙伴，共同应对全球议程。希拉里的愿景与她的前任们不一样，后者仅仅关注那些世界上的超级大国。希拉里的愿景反映出她政治视角和目

第五章 拥抱变化：变革力

标的变化，这些变化能为我们带来更加积极的未来。

如果你要成为一位变革推动者，你也需要匠心打造，并精心描绘出你的愿景，让人们能产生共鸣。举个例子，对于一场组织变革来说，很重要的一点是，你要把这场变革将会带来的增长机会和"更好的"未来描述出来。同样重要的是，你要让人们看到旧的方式为何不再适应新的形势，或将如何阻碍组织实现目标。

一位强大的变革领导者总是战斗在第一线，宣传变革的必要性，并向人们描绘出在短期及长期将能实现的愿景。在强调变革好处的同时，领导者也应解释变革过程将对个人和团队产生何种影响，变革的过程需要多长时间，以及自己在变革的每个阶段将会采取何种行动。这样的做法有助于管理人们对变革的预期，鼓励他们在变革的不同阶段承担起更多的责任。

使用每一种可能的手段去传递新愿景和支持性策略也很重要，比如可以通过政府、电子邮件、工作餐和一对一谈话。你在每一次交流中所传达的信息必须是一致的。如果要让人们相信变革确实会发生并将长久持续，他们就需要不断听到这一信息。大量实例和个人经历都是有效的手段，因为和一般性描述比起来，人们更容易记住实例和故事。故事也让人更容易理解，更感兴趣，而这正是你要努力达到的效果。传递愿景时要有创意和热忱，但同时也要真实可信。人们若相信你的愿景，他们首先得信任你。

秘诀 5：沟通！沟通！还是沟通！

还记得我曾经说过变革能为你提供绝佳的机会来展示自己的领导坚忍力吗？其中一个能展示你与众不同的方面就是你的沟通能力。你可以做下面两件事来让自己成为公认的优秀沟通者。

首先，你要具备这样一种能力：能简要清晰地描述变革所需的努力，令他人产生共鸣并积极参与。我把它命名为"电梯演讲"。想象你在公司的办公大楼一层遇到了一个人，你们要一起坐电梯到十楼。（在大部分大楼中，这需要大概 90 秒的时间。）假设那个人问："你现在在忙些什么？"你可能想给出一个经过精心设计的回答，一个你为在这种特定情境中可能遇到的人定制的回答。下面就是这样一个可用于电梯演讲的三段公式。当然你需要根据自身面对的特定变革对这个公式进行调整。但是如果你想让人们把你看成是一位变革推动者，你的回答包括所有三点就显得非常重要了。

第五章 拥抱变化：变革力

下面就是关于变革的"电梯演讲"所需回答的全部要点：

- 为何变革如此重要。

- 成功以后会怎么样。

- 我们需要你做什么。

其次，如果你正在引领一场变革，你需要有一个沟通计划。这个计划的目的是将**正确的信息**以**正确的方式**、在**正确的时间**传达给**正确的人**。

决定谁需要知道哪些信息，以及谁需要留在信息回路中，是很重要的。除了一些明显需要保密的情况外，决定谁是重要利益相关者以及计划你将在何时以何种方式与他们沟通是有好处的。重要利益相关者是那些直接或间接被变革所影响的人，以及那些能对即将做出的变革决策产生影响的人。

决定传递哪些信息之前，别忘了你沟通的目的。你是想把特定信息传递给他人以便促成某些事情发生？你是在试图影响他人使之以某种特定的方式思考、感受或行事？你是在试图减少与变革相关的不确定性和模糊性？你是在努力摆脱流言蜚语以减轻焦虑？你是想通过重申自己的愿景来增加变革带来的好处？如果你想要通过沟通达到预设的目标，你最好事先精心设计好你想要传递的信息。

时机的选择也是沟通的一个要素。通常就变革而言，我认为最好是尽早沟通。但是，你需要提供足够的细节，让人们觉得变革是经过深思熟虑后做出的决定，并且变革执行者清楚他们在做什么，这一点很重要。不过，当你向人们传递信息的目的在于他们只有得到这些特定信息才能完成工作时，传递特定信息的时间最好接近人们需要应用到这些信息的时点。需要记住的是沟通须不间断地进行。即使对于同一信息而言，人们第一次和第二次接收的方式会不尽相同，因为随着时间的流逝，人们会逐渐意识到变革将如何影响他们自身、团队或组织。

最后，使用多媒体进行沟通、在整个变革过程中保持双向交流，也很重要。希拉里就很擅长这么做。从她主持的政府会议，到电视辩论或采访，再到她在YouTube上传的视频和发给支持者的电子邮件，她充分利用了每一种她所能运用的沟通方式。

在希拉里的外交政策演讲中，她重申了全力以赴抓住机会与每一个人沟通的重要性。她说："在我到访的每个国家，我都会寻找机会深入当地社会，与民众交流。无论是我第一次到访巴格达时在它的市政厅演说，或是出席一档深受欢迎、受众广泛且年

第五章 拥抱变化：变革力

轻化的地方电视节目，还是与民主活动家、战争寡妇或学生会面。"在我们的外交政策中，沟通方式只是一个很小的部分，但是希拉里全力沟通以推行自己变革理念的做法值得我们学习。你也需要利用每一种可能的沟通模式来接触并吸引你变革的重要利益相关者。

这里有一个快速自测，来测验你对变革是否持开放态度，以及你作为一个有坚忍力的领导者是否能有效地推动变革。

你愿意拥抱变革吗？

● 你是否主动寻求或期待变革，而不是等待变革发生后被动回应？

● 你是否处事灵活、适应力强，还是你习惯于自己的做事方式，很难适应环境的变化？

● 当你引领一场变革时，你会精心打造你的愿景，并简明扼要、始终如一地传递这个愿景，以激励他人也投身到变革行动中来吗？

- 当你带领他人进行变革时，你是否允许他们按照本章描述的变化三阶段顺次而为，还是你会迫使他们按照你认为权宜的步调行动？

- 当你引领一场变革时，你是否了解重要利益相关者的利益诉求和信息需求并据此制定相应的沟通计划？

拥抱变化的秘诀

秘诀1：承认变革中的人性因素

秘诀2：永远不要抵制好的变革——主动引领变化

秘诀3：专注于你能够控制的事情，让期望切合实际

秘诀4：勾勒并分享你对未来的愿景

秘诀5：沟通！沟通！还是沟通！

LEADERSHIP SECRETS OF HILLARY CLINTON

第六章

倾听之旅：连接力

战略性社交是与他人建立联系以提高工作质量、提升工作效率或获得工作机会的最佳方式。连接力使这一概念比单纯建立一系列个人关系更进一步，因为这些关系中的任何一个都可能会对你有所助益。**连接力**意味着有意识地与特定个人或群体建立关系，以便促成某种积极行动或带来一个可能使你受益，同时也有利于他人，甚至在最佳情况下有利于多数人的结果。战略性社交是连接力的一部分，连接力的另一个重要维度是通过形成战略联盟来构建联系。我知道这听起来有点复杂，但做起来并非如此，事实上还可能很有趣。

举个例子。几年前，我遇到一个客户，她肩负着促进公司内女性领导者职业发展的任务。她的公司当时正遭受所谓的"追悔莫及的损失"——许多很有才干的女性员工平级流失去了其他公司。我设法使该客户相信，那些与同事间建立私人联系的员工不太可能离职，除非是别的公司提供了高得多的薪水或职位。因此，我们第一步就是成立一个执行委员会，代表公司全美国范围内所有不同业务部门的女性，探讨公司现在和未来女性领导者面临的关键问题和顾虑，并寻找解决之道。我们确定的首要目标是为公司女性建立一个互助网络，让她们可以聚在一起，并在个人基础上相互了解、交流观点，甚至互相引领。

我们一开始举办了一个非正式工作餐会活动，邀请了约25位女性领导和高管参加。这些女性围桌而坐，自我介绍并分享彼此的工作。然后她们坦诚地讨论了日常工作中的一些独特机会和挑战。这种交流对于与会的很多女性非常有效。在非常短的时间内，她们就能针对所面临的一些问题达成共识，并从其他人那里获得重要信息和有趣见解。这次活动的一个重要结果是与会女性有机会来聆听并学习公司其他女性所从事的工作、个人重要职业发展目标以及所面临的挑战。这次谈话使她们对企业经营以及如何彼此联系、如何互相支持达成了更全面的共识。这对女性来说尤其关键，因为很多次我从资深管理者处听说，女性事业发展的一个障碍就是她们缺乏策略性。这主要是由于她们往往难以跳出

第六章 倾听之旅：连接力

自身的局限来理解商业领域的更广阔背景。女性通常认为需要"做好手头的工作"，这限制了她们从公司内外汲取其他观点和见解的能力。

在那一年中，借助非正式工作餐会的成功举办，我们接着为全公司女性组织了数次分论坛、为期一天的年度领导力会议以及一系列的在线研讨会、业务简报和非正式培训机会。就这样，为公司内女性建立一个社交网络的单纯想法发展成了一个为世界各地分公司职业女性服务的成功项目。它不仅作为一个极佳催化剂使女性看到了互相扶持指导的价值，也帮助女性在公司内建立了一种更强的社群意识，极大提升了处于领导岗位和领导力发展中的女性的留职率。这就是我所谓的连接力。当这些职业女性每个人都从这种战略联盟中获益时，公司也获得了回报。

希拉里是一位为多数人的利益建立网络和结盟的大师。她多年前就开始扩展自己的交际圈。迪迪·迈尔斯曾任克林顿政府的新闻秘书。她告诉我说，在希拉里事业早期，她的核心圈子比现在小得多且主要由非常支持她的朋友和家人组成。但是作为阿肯色州第一夫人及之后的白宫第一夫人，希拉里懂得了她需要一个更广泛和更多样化的人际网，既能在重要事件上为她提供咨询反馈，也能积极帮她争取到通常可能被认为是反对派人士的支持，从而为她获得更大影响力。这样的人际网至关重要，能帮助她主动获取信息而不是等待信息传到耳边。同样，广泛和多样性的关系网也能帮助她接触到那些在专业问题上学识渊博、有公信力、备受尊重的人士。这些人能给出希拉里所需的建议并帮她推动问题的解决。迪迪说，"现在，按照六度分隔理论，因为希拉里的朋友和同事们与世界上如此多的其他人相关联，她已成功为自己创造了一个令人难以置信的广泛而多样的关系圈。"

希拉里的朋友兼同事克里斯汀·曼尼恩认为希拉里是"最擅长"和与她意见相左者沟通的人。希拉里能使这些反对者相信实现更大的目标比彼此之间的细小分歧更重要。在《亲历历史》一书中，希拉里说："作为参议员，一旦情况允许，我便努力使共和党人和民主党人坐在一起，就国家安全、教育、国防等问题来协调党派间的分歧。我主动接触政治上的反对派，包括几个领导了对我丈夫弹劾指控的人！"她学会了如何跨越分歧去寻找与政治对手之间的共同点以便能为国家利益通力合作。

创建网络并建立联系并不总是需要结盟。但它常意味着离开你的舒适区，打破传统藩篱，以找到一个共同目标和一系列方法

第六章　倾听之旅：连接力

动员别人用"正确的"理由把"正确的"事情完成。

我相信有两个关键点将成功的商业领袖与失败者区分开来：

● 有团队合作的观念，明白无法靠单打独斗取得成功。

● 构建网络和同盟，这个网络和同盟能提供克服困难的可贵指导，并且为达成关键目标提供必要支持。

在 2009 年 2 月的亚洲学会致辞上，作为国务卿的希拉里用"连接性"这一概念来形容新时期的美国外交，她说：

> 在当今时代，我们很容易将注意力集中在相互依存所导致的紧张与危险之上，但是我更希望将相互依存视为一种连接性，它是建立动态、高效的合作伙伴关系的好机会，这种伙伴关系能在新世纪里有助于我们应对挑战、共迎机遇。

这句话对于有坚忍力的商业领导者来说难道不是同样适用吗？我们生活在一个日趋复杂的世界里，商业领导者们需要富有创意的理念和统筹性的思维模式才能解决问题并充分利用机遇。因此，业务经营越来越多地依赖由各式各样的人所组成的网络、伙伴关系和同盟来运作。

最后，我想将连接力的理念深入到帮助他人上。对于扩建你的网络、构建强有力的联盟来说,伸出援手无条件地支持他人是很关键的一个部分。尽管互惠法则认为当你帮助别人时,对方也就欠你一个人情,但是我觉得这种理念有些肤浅,我将帮助他人称为"内心的慷慨"。当你仅仅为他人的成功而付出,或帮对方完成一个值得的目标而没有要求回报时,人们会将你视为一个很特殊的人。当我为写作本书采访希拉里的朋友时,他们就曾一次次地这样描述希拉里。克里斯汀曾这样和我分享她的想法:

> 希拉里的确会"伸出援手",但是她也会邀请和寻求别人的帮助以交换观点,以便为讨论中的话题做出更多贡献。她的求知欲总是很强,喜欢去了解自己尚不了解但是应该了解的事物,以更好地理解当前的问题所在,并努力去解决问题。希拉里不是一个鲁莽做决定的人,她也不认为只有自己才知道正确答案——她总是很努力地去了解事实、数据以及各方看法来完善自己的观点,以求能找到更好的解决或改善当前困境的方法。
>
> 此外,我俩在20世纪80年代曾一同在一个叫"关爱儿童行动"的组织里兼职。希拉里当时是阿肯色州的第一夫

第六章 倾听之旅：连接力

人，而我在华尔街工作。我当时是该组织委员会的主席，需要寻求她的帮助。我最感激的是她非常迅速地回应了我，并坦诚地告诉我在哪些方面她可以帮到我、在哪些方面她爱莫能助。希拉里从来不会承诺过多，但是只要做出承诺就一定会信守。我们的合作富有成效，因为我很清楚哪些方面可以依赖她的帮助，而且也知道只要是她承诺过的事就绝不会潦草应付。

希拉里的坦诚和守诺帮助我们完成了很多必要的工作。希拉里是一个很直率坦诚的人，总能对思维过程或一项策略及计划的战略性执行做出贡献。她总能将自己的注意力集中在自己最擅长的事情上，而且善始善终。她做这些事并不是为了我，而是为了她所信仰的事业——而我当时对她几乎毫不了解。

克里斯汀接着对我说：

希拉里的坦诚、热心相助和一诺千金深深地鼓舞了我。而且，她除了带给我智慧和承诺之外，还让我体会到了她令人如沐春风的一面和一贯的幽默感。在之后的多年里，我有幸能有机会与她共事，并从她身上学到更多东西。

克里斯汀的故事只是众多例子中的一个。还有很多其他人也感受到了希拉里的直率和愿意为他人带来价值的信念。当然，希拉里在此过程中也拓展了自己的关系网，但这其中最为重要的是：她鼓舞了克里斯汀的内心，让她也愿意去帮助他人，在此过程中，希拉里留给了克里斯汀一种长久性的印象。这便是我所说的通过保持连接来帮助他人。

接下来，让我们开始探讨构建连接力的秘诀。你必须要先学会扩建自己的网络，这样才能构建自己的伙伴关系和联盟。

秘诀1：不要害怕寻求帮助

写上一本书时，我采访了数十位企业高管，从中我发现了一个共同点：他们都相信需要一个强有力的人际网来寻求建议与支持。例如，当安妮·马尔卡希被任命为施乐公司首席执行官时，她接受的是一个正在失去市场份额且销售额处在很危险的低点的公司。她所做的第一件事便是会见公司内最顶层的一百名经理人来了解他们的想法，然后她拿起电话打给她当时并没有私交的沃

第六章 倾听之旅：连接力

伦·巴菲特来寻求建议。她在所有人想法的基础上设计了一套商业发展策略，并且深信能获得成功，后来的事实证实了她的想法。

上述案例的启示是：你不能全凭一己之力去制定策略，执行计划。你在企业的内部和外部都需要可以帮助你的人，然后你要有勇气去寻求他们的帮助。我知道对于有些人来说，做到这点并不容易，但是请相信我：做到这点对任何人来讲都不容易。我知道有很多的领导者想要寻求建议和支持，但是就是没有拿起电话打出去的勇气。他们担心别人太忙，担心对方只是出于礼貌答应却并不付诸行动，或者担心更糟糕的：对方会因为自己寻求帮助而觉得自己缺乏自信和能力。但是这些情况真的会发生吗？想象一个人向你寻求帮助时，你会有什么感受？又会如何回应呢？大多数人会觉得受宠若惊，然后尽其所能地去提供帮助。

而且得到积极的回应并不只是从被请求人的角度来讲的。有时候结果就蕴含在请求内容本身。你得十分清楚你想要对方为你做什么。每次在参加各种会议的讨论小组后，我常会邀请与会者访问我的网站并把问题发给我，而我也总是很乐意去回答他们的问题，有时是直接回复，有时是在下一篇博文中进行解释。不过，有的时候真的很难搞清楚发问者到底想知道些什么。类似情况也会发生在我每次做完演讲之后有人过来找我交流时。很多时候人们觉得我能帮得上他们，但是他们却不清楚自己想从我这里得到什么，而在那种情况下我通常没有时间来帮他们厘清思路。如果你能把想要什么、想让对方做什么说清楚，对方会更容易答应你的请求。

找到一个最好的方式来提出请求也同样重要。我发现了一个最有效的规则：用一种符合对方做事风格的方式提出请求。如果对方较为内向、喜欢在做出回应之前先思考一下的话，就发一封电子邮件过去，询问是否可以找时间和对方商谈一下；如果对方较为外向，不妨就打个电话或干脆走到对方的办公室去和她聊一聊。

下面这些问题可以帮你理清自己的请求：

● 形势是怎么样的？为什么形势很重要？

● 你究竟想请这个人为你做什么？

● 你为什么找这个人帮忙，而不是找其他人？

● 在整个过程中你能获得什么好处，帮你的人呢，大多数人呢？

第六章 倾听之旅：连接力

秘诀2：建立广泛且多样化的关系网

我们每个人都有一个关系网。在关系网里面的是我们能征求建议寻求支持的人。我想你要做的第一件事就是去确定目前在你关系网中有哪些人。如果你以前从未这么做过，你可以先从确定人员群组开始。例如，通常的群组有家庭、朋友、同事、顾客或客户、俱乐部或协会、教会、志愿者组织等等。列出在某一个特定群组中你认识的所有人的名单，然后在每个你觉得你可以打电话寻求帮助的人的名字旁打上钩。这些人可以被认为是你的**活跃关系网**。未打钩的人，则是你的**潜在关系网**，这些人与你有着间接的联系，你往往能非常容易接触到他们并将他们带入你的活跃关系网中。

下面几个问题有助于分析你的关系网：

- 你关系网中的人大部分与你相识很久，或与你每天一起共事吗？还是你的关系网涵盖了来自不同阶层，有着不同经历、不同视角和不同行业的同事和非同事？
- 你关系网中既有你的上级，也有你的同侪和下属吗？

> ● 你关系网中的人在年龄、性别、国籍、种族、所属行业、地理和其他此类因素上呈现出多样性吗?
>
> ● 你关系网中既有长期关系,也有短期关系吗?
>
> ● 你关系网中有多少人是你主动去和他们建立关系,又有多少人是他们主动来和你建立关系的?
>
> ● 你怎样维持这些关系?你是有意识地去努力维持和这些人的关系,还是随他们渐渐被淡忘?
>
> ● 你想如何与其中一些人重新建立联系?

现在,我想你跳出框框,来考虑一下那些目前不在你关系网中的人。除了那些早就与你在一起的人和那些已经在你潜在关系网中的人,想想并确定哪些人能为你做下面两件事情:**他们能否为你带来一个非常不同的视角,或能将你与一些在你目前关系网中不常能遇到的人联系起来?**

我已经阐述过,拥有不同的视角有利于我们寻找最有效的方法来应对当今的商业挑战。下面我要解释一下为什么你可能需要与那些和你圈子非常不同的人建立关系。一个来自新"圈子"的人有时能大大扩展你的关系网络,因为她可以将你和她圈子里的

第六章 倾听之旅：连接力

其他人联系起来。前面提到了我出席过几次希拉里在华盛顿主办的社交聚会。我之所以出席，是因为希拉里常令我着迷。并且我知道这样的聚会上常有很多有意思的人和令人难忘的谈话，我也知道我会遇到非常多的专业人士，他们与我常遇到的人有着截然不同的背景和人生经历。在这样的聚会上，我常见到律师、医生、政客、教师、科学家甚至慈善家。我总是尽力记住我见过了谁，有时候甚至会收集与会者的名片。回到家后，我就记下何时何地遇见过某人、他令人难忘的事是什么。我说不清究竟有多少次，当有人请我帮忙，或当我需要为一项商业冒险或一件我支持的事情而建立一个广泛的支持基础的时候，我都是向这些人寻求帮助的。我打电话的时候，总会提到我们曾在何时何地相遇，以及我记得的关于那个人的事，然后我才解释我打电话的原因。这就叫作扩大关系网。

一旦你扩大了战略关系网——那些你特意发展的关系——你就可以开始考虑建立伙伴关系和联盟。希拉里在卫斯理学院的同学兼密友贝特西·格里菲斯说，"当希拉里听到一个新想法或者很有力的观点，她就把这个想法和其他圈子联系起来组成网络，以求改进它并为它寻得广泛的支持基础。"希拉里称这为

"巧实力"。她在 2009 年 7 月美国外交委员会的演说中曾提到："建立全球合作的架构要求我们制定正确的政策，使用正确的工具。我常提到巧实力，是因为它正是我们思想和决策的核心。它意味着明智地动用我们可以动用的一切手段，包括召集与连接的能力。"

我认为这种方法反映了当今领导力的演变，即从单一领导的层级式领导模式转为更具包容性的协作式领导模式。

秘诀 3：制定一个计划

在建立关系网时，重要的是你要进行战略性思考，并刻意关注那些你将要去建立的关系和将要一起做出的承诺。记住，扩展你的思维，你自己组织内外的人都要考虑到。在思考如何培养这些关系和考虑谁或许能够帮助你建立最初的联系时，一定要有创造性思维。

下面是一个制定行动计划的简单框架。

> ● 你的目标是什么？你想要得到什么？你设想的成功是什么样子的？

第六章 倾听之旅：连接力

- 你需要获得哪些帮助？
- 谁最能帮助你？（多考虑几人）
- 你是需要和上面每个能帮助你的人建立新的联系，还是只需和这些人重新联系起来以加深或扩大现有的关系？
- 培养和维系这些关系的价值是什么？（既要考虑短期，也要考虑长期）
- 你想他们每个人答应为你做什么特别的事呢？（这可以小到只是认识彼此，或大到为你写推荐信）
- 你能为他们做些什么来让他们答应帮你？你具体打算怎么做，何时做？

你在制定行动计划时，要真正想好你何时能腾出时间来专注于其中的每一个人。另外，试着在名单上加上一个需要你"全力以赴"的人——这个人会稍微超出你的舒适区之外。还要试着加上一个可以给你完全不同观点的人。最后，一定要清楚地了解你是要寻求帮助，还是要为两人如何相互交往提供建议。做足功课，做好准备。

一旦您熟悉了这种构建网络的方法，我建议你就可以开始接触那些你认为有趣并想要进一步了解的人。实际上，你可以积极主动并且无条件地去建立这些新的关系，比如说参与户外活动、社交活动、会议，甚至也可考虑加入一个委员会来服务于你所关心的事务。当你遇到一个你想深入了解的人时，让她知道你是做什么的，开诚布公地告诉她你想更多地了解她正在做的事情，这样你们两个或许在未来可以互相支持。当你这样做时，就开始建立与对方之间共同的默契和信任了。当你将来向她寻求帮助时，她就会更愿意支持你。

秘诀 4：创建你自己的私人董事会

当我谈到构建战略性关系网时，我总问人们是否拥有自己的私人董事会，这有点类似企业的高管们获取私人建议和支持的小型社交人脉网。比起传统的董事会成员或是正式的顾问来，这些人更像一群很了解你并把你的利益放在心上的朋友。

在你处理复杂事务时，或是当你有一个两难的选择需要建议时，这些人是无价的。他们是可以帮助你开拓更广泛视野的人，帮助你重温目的和承诺以助你砥砺前行的人，或是鼓励你朝崭新方向迈进的人。

第六章 倾听之旅：连接力

我总是为自己在公司里设立一个董事会。董事会的七位商务领袖每年与我会面数次，来回顾我的商务战略计划，为我在面对挑战时如何保持竞争力和如何在新兴市场中拓展业务提供建议。他们有着截然不同的教育和经历背景，并已经在各行各业中非常成功，所以他们提供给我和我的管理团队的那些建议，通常是我们未曾考虑到的情形。

另外，我还有自己的私人董事会。几年前，一个朋友邀请我参加晚宴并告知我她想转行，想让我帮助她权衡利弊。她还邀请了其他五个人加入我们，并且安排了一个议程供我们晚饭后讨论。当人到齐后，她提出让我们加入她的私人董事会。晚饭闲聊后，我们聆听了她对她面临的形势和可能的选项的分析。我们贡献了我们的想法并分享从我们自身经验得到的启示。到了晚上，她实现了跳出框架思考的目标并且可以用全新的眼光看待自己的选择。我当时就认识到拥有一个私人董事会这个想法真是太好了，我随即着手建立了一个自己的私人董事会。

我所选择的几位私人董事会成员都住得离我有点远，我就逐一联系每个人，并通过电话交流做了很多初期工作。无论是需要反馈意见还是需要有人直言不讳地和我讨论某事，我都可直接联系他们。多年以来,我已帮助数以百计的人建立了他们的私人董事会,效果一直难以置信的好。当你要扮演一个有坚忍力的领导者的角色并建立各方联系时,你不妨也考虑这样做。建立私人董事会可以源自不同缘由:也许你想探讨或调整某一个想法,也许你想寻找途径扩大你在自己组织之外的商务视野,也许你想与你不认识的某人建立联系,也许你想认识一些能有效评价你的领导角色和领导力的人。

当你接触那些你意在邀请加入你的私人董事会或社交圈的人时,你需要做三件事,它们是:

- 真诚。做你自己,不要有所隐瞒。
- 正直。保持纯正的动机,保持坦率。
- 意图。脑海中有一个清晰的、感觉可以和他人共同达成的目标。

如果在脑海中谨记这三点,你将和新建立的人际网共同繁荣。你会惊喜地发现当初投入的时间和精力将会极大地让你、你的组织,甚至整个社群受益。

第六章　倾听之旅：连接力

秘诀 5：坦率对待你遇见的每个人并保持好奇心

你永远不知道你何时会偶遇某个可以帮助你的人，他也许会以截然不同的方式拓宽你的社交圈。不要以为你与空姐之间毫无共同之处。有时候你也可能会以最出人意料的方式结交到最佳联系人。

我来说说我是如何遇到一个将我人际圈扩大 10 000 人的女士。那时我刚刚乘坐从旧金山返航的红眼航班，紧接着又坐第二天上午 7 点的航班去奥兰多。飞机已经挤满了，我惊喜地发现我旁边的座位还是空的。我取出耳机，期待可以好好休息一下。就在这时一位坐在我旁边的女士问我是不是她最近正在读的《粘胶地板》一书的作者。我可以选择点头合眼（尽管我身体每个细胞都鼓励我如此！），或是摘下耳机礼貌地回应她。很幸运，美国中西部特有的礼貌传统让我选择了后者，然后我们互相介绍了自己。她是华盛顿特区一家最大的游说公司的主席，她随即邀请我在她公司年会上演讲。当我们进一步讨论年会时，她问我是否在用博客（我确实在用），是否有兴趣在各自的页面上转发对方的博客，这样我们都可以扩大各自的网络社区。就这样，通过仅仅与一个人建立联系，我人际圈就增加了10 000人！

当然，你可能没那么幸运，你可能根本不想建立一个社区式的社交圈，但是谁知道一次短暂的交流能带来什么呢？所以，要对你遇见的人保持坦诚和友善。对于那个人是谁，他到底在做些什么保持好奇心。善于接纳潜在的合作者并共同创造新机会。确保记下他的姓名、联系方式、何时何地遇见以及关于他的令人难忘的记忆，就像你正在扩展你的商务社交圈一样。

生活中没有巧合。在你生命中出现的每一个人都是有原因的。你可以从他们身上学到东西、获取信息。问题在于你是否用心倾听？你是否想要建立联系？

你对建立和运用你的社交圈做得够好吗？

● 你是否常常伸出援手或向其他人寻求建议和支持，还是你试图独自扭转形势？

● 在你活跃的人脉圈中是否包括广泛和多样化的关系，还是你的大部分关系都是你在一段时间内依赖的一些老朋友和老同事？

第六章　倾听之旅：连接力

- 你是否花时间在社群间建立联系以更好地利用你的交际圈，同时通过建立合作伙伴关系以达成更大目标？
- 你是否花时间与他人保持联系？你是否对他们的幸福和想法表现出真诚的兴趣？您是否会不做任何评判地积极倾听，倾听时抱着学习、支持或是把倾诉者的想法和其他人际圈或人联系起来的心态？
- 你是否会花时间无条件地去支持周围的人？

构建连接力的五个秘诀

秘诀1：不要害怕寻求帮助

秘诀2：构建广泛且多样化的关系网

秘诀3：制定一个计划

秘诀4：创建你自己的私人董事会

秘诀5：坦诚对待你遇见的每个人并保持好奇心

LEADERSHIP SECRETS OF HILLARY CLINTON

第七章

言行一致：沟通力

非凡沟通

为激发出更具坚忍力的工作团队，并在富有挑战性的商业环境下获得实际成效，领导者必须是**非凡**的沟通者。在实际沟通时，除了需要满足清晰、简明、一致和令人信服等基本要求外，你还要成功地、有意识地传递能影响到特定情境和个人的很多其他信息。众所周知，沟通要达到上述基本要求就已非常困难了。

研究表明我们每天有近80％的时间用于沟通，而超过60％的沟通都含糊不清、让人误解，甚至充满错误。这不仅给人造成了极大的困惑和挫败感，也明显降低了生产效率。所以，首先应当得到可靠反馈以确保你遵循了良好沟通的各项基本要求。然后开始磨炼你的沟通能力和技巧，使你传达核心信息时能言之有效。

迄今为止，你已从前述章节读到很多重要信息。我们阐述了创建与他人产生共鸣的共同愿景以及富有情感地表达真实自我的重要性。这一章里，我将深入介绍这两个领域，说明非凡沟通的其他几个关键内容，包括如何：

- 针对听众调整风格。
- 带着目的倾听。
- 进行那些拖延已久的困难谈话。

为何能做到上述几项要求也很重要呢？答案很简单。作为一个富有坚忍力的领导者，意味着你要克服障碍和挑战以推进人员和项目的进展。更重要的是，这些沟通的秘诀让我们能成功做到下面几点：**激励行为**、**说出肺腑之言**、**调整风格**、**带着目的倾听**，以及**不回避困难的谈话**。

希拉里就具有我所说的那种令人印象深刻的沟通能力。基于她所说的以及她的沟通方式，1 800万美国人都确信，她具备成为美国总统的能力，成千上万的民众受到激励，为她的竞选活动积极效力。但我认为使她成为一名非凡沟通者的并非仅是她在竞选中的演讲，更多的是当竞选活动结束时她鼓励人们行动起来以支

第七章　言行一致：沟通力

持她前对手时的演讲。

在 2008 年的民主党全国代表大会上，希拉里仅用了几分钟时间就说服了她的支持者和全国其他地方的选民，表明她真正支持奥巴马，并请求其他人也这样做。参选时她曾非常努力，全身心投入到自己的竞选活动中，功败垂成之时，又转而支持奥巴马，这并不是一件容易的任务。然而，希拉里很快展现出她富有坚忍力的领导魅力。她发表演讲，以赢取观众全心全意的支持。

她说，"我希望您问问自己：您参与这个竞选活动仅仅是为了我吗？或者您是为了那位年轻的海军退伍军人以及那些和他一样的军人？或者您是为了那位既要抚育孩子们又要与癌症斗争的母亲？或者您是为了那对挣扎在最低工资线上的母子？又或者您是为了这个国家中所有感觉自己被无视的人们？"她停顿了一下，继续说道：

> 我们需要能重塑美国人信心和乐观品质的领导者，这些品质曾帮助我们的先辈成功应对最严峻的挑战。这样的领导者要能带领我们告诉自己和全世界，只要我们拥有聪明才智、创造力和创新精神，在美国就一切皆有可能。

这并不容易。进步永远都不容易。但如果我们不争取将民主党总统送入白宫，这个目标就无法实现。

我们需要把票投给巴拉克·奥巴马。

当她结束演讲时，人群站起来为她和她的演讲欢呼。她用了不起的方式做到了掷地有声、言之有效，你也可以学着这样做。

希拉里基于创造视觉画面的沟通方式，深入人心并触动灵魂，非常有效。她的言语和行动提醒人们一起达成共同目标的重要性，而她自己也全力以赴去实现为了普罗大众的更高目标。

下面是实现非凡沟通的五个秘诀。

秘诀 1：激励行为

首先，我要解释一下，当我们提及坚忍力领导力时，**激励**这个词为什么非常重要。如军队的许多领导者那样，在特定情况下，命令人们做什么和什么时候做非常有效。因为处于领导位置，下属总会很好地遵从指令。但一位富有坚忍力的领导者所追求的远不止让人们遵从指令。希拉里的目标是鼓励人们采取行动。我称之为**激励**行为。

第七章 言行一致：沟通力

你是否注意到，伟大的领导者都采取非常积极的沟通方式？甚至他们的语气都传达出一种"你能做到"的态度。他们从两个方面来传递这种强有力的乐观主义态度：专注于人们的积极面以及对未来的希望。"9·11"事件发生后，纽约市市长鲁迪·朱利安尼在回答记者关于纽约人及其如何应对恐怖袭击的提问时，就城市危机发表了演讲。朱利安尼说："他们是世界上最棒的。毫无疑问，我们拥有世界上最好的警察局、最好的消防部门，最好的警察、最好的消防官兵，以及最好的急救人员。"然后，他把沟通的焦点转向未来，他说，"纽约市民将再次团结为一体。我们将从这里出发，情感上更为坚强，政治上更为成熟，作为一个城市更加团结。我们将从这里出发，在经济上也将更为强大。"

在纽约大学毕业典礼上演讲时，希拉里也传递了这种强有力的乐观主义态度，她说，"作为国务卿，我非常清楚我们所面临的挑战。而你们作为新的毕业生，必将直面这些挑战……但我深信，我们都能胜任这样的任务……这些挑战将激发出我们最大的潜力，我们将使世界的明天比今天更美好。"

在诸多沟通中，希拉里常常传递这样一个主题，即"我们能做到！我们能做得更好！"在困难时期，这是人们所期望和需要听到的。正是这种乐观和积极的沟通让人们振作起来，给他们希望，并激励他们采取行动，不再因为自己是某些不幸境遇的受害者而哀叹。

实施激励行为的另一措施是借助语言的力量，描绘出未来的共同愿景。例如，马丁·路德·金在他的演讲中使用了大量的视觉形象，如"新罕布什尔州的崇山峻岭""宾夕法尼亚州的阿勒格尼山峰"和"手足之情的优美交响曲"。这些词汇描绘出心灵上的画面，各层面的听众都能认同。我们可以通过故事、比喻性的表达和修辞手法创造出视觉图像以丰富所述内容。有人曾告诉我，如果对于某个目标我们能想象出画面并将自己置身其中，我们就一定能实现它。

但我不想让你认为只有超级明星才能做到这些。我还记得曾给一个商业领袖做培训，他公司的股票当时一直在下滑。公司员工的士气很低落，人们压力很大，许多员工害怕会马上失去工作。这个商业领袖想要营造一种充满希望的氛围，并且鼓励公司上上下下保持坚忍力和信守承诺，他知道一般的商务演示常用的事实和数据达不到预期的效果。所以，我们策划了另外一种方案。

第七章　言行一致：沟通力

他安排了一个市政厅式的会议，我们准备了两张幻灯片。第一张展示了一条山谷中的溪流，它的高度在一年中持续降低；另一张幻灯片则是一幅漂亮的山峦图片，其中每一座山峰都在逐渐增高，而在顶峰上有一个圆圈代表该公司的位置。在会议上向团队做演讲时，该领导者展示了幻灯片并且解释道，在接下来的几个月里公司会很艰难，需要非常努力地工作，但他坚信大家一致的价值观和坚定的职业素养能战胜一切。他很自信地说，公司有足够的力量走出目前的困境，并且大家团结一致就能登上顶峰，那代表着公司上下共同的梦想。然后他解释了短期计划，布置给员工一些立即就能执行的指示。最后，他告诉大家他将会召开一系列会议来收集每个人对长期发展方案的建议。直到现在员工们都还在讨论那次会议。他们称之为"顶峰"会议，而我称它为激励行为。

若想激励他人行动，下面是一些你要铭记的要领：

● 识别共同的价值观、目标、志向和梦想，为一个背景和利益多元的团体找到共同基础。

● 专注于未来能够完成而且将会完成的任务。

● 让大家知道你了解他们的恐惧和担忧，并用强有力的乐观主义去鼓励大家思考各种可能性。

● 运用各种各样的表达方式（比喻、故事、图片等等）使你的信息更生动。

● 积极、充满自信地陈述群体的力量和共同的愿景。比如说，用"我们将会"和"我们就是"代替"我们将尝试"。

秘诀 2：从内心发出声音

在上文中谈及真实力时，我曾提到过富有情感地表达以及把最真实的自己与他人分享的重要性。当你领导大家渡过变革时期或艰难局势时，也总会有某一个时间和地点让你表达出内心的想法，从而让每个人都能与你以及你传递的信息产生共鸣。

一个实现上述目标的方法就是承认当下的困境，引用具体的例子来表明你用心聆听了沟通对象的话，你听到了他们的言语并感受到了他们的情感，也真正理解了他们的真实感受。通常，这意味着你在探讨希望、梦想、恐惧或痛苦一类的话题。这需要你有同理心，这是情商的重要组成部分。表现出同理心不仅意味着你"理解"了对方的话，也显现出你足够在乎对方，愿意努力去体会对方的感受。

第七章 言行一致：沟通力

随后，要表示你真诚关心对方的问题，而且你要承诺做出改变。每一个谈话都应因人而异，对于有些人来说，达到某种程度的情感投入时可能会很情绪化。真实情况下，这种情绪是自发产生且强有力的。但情绪不能是为了产生某种效果而伪装或臆造出来的，这样对方会察觉出异样。

最后，你要能把情感转化为激励。你要以鼓舞信心并激励听众前进的方式结束你有关愿景的演讲。

回到之前提过的希拉里在2008年民主党全国代表大会上演讲的例子，你就能明白我的意思。希拉里引用了听到过的关键信息，来展示自己聆听了竞选过程中民众的故事，并用具体的个例来分享民众如何用他们的故事触碰到她的心灵。希拉里说：

> 你们教会了我许多东西，让我欢笑，也让我哭泣。你们允许我成为你们生活的一部分，而你们也成为了我生活的一部分。
>
> 我将永远记得那位领养了两个自闭症儿童的单身妈妈。她没有医疗保险，而且还检查出自己患有癌症。但她用在光头上写上我名字的方式和我打招呼，鼓励我为医保而战。

希拉里领导力

> 我将永远记得那位穿着海军陆战队 T 恤衫的年轻人。为医保生效等待了数月的他对我说:"请先照顾好我的伙伴们;他们很多人都还在战场上为国作战……之后,请你也帮帮我好吗?"
>
> 我将永远记得那个男孩,他告诉我他的妈妈干着最低收入的工作,而且连这份工作也朝不保夕。他说不知道一家人接下来该怎么办。
>
> 我将永远感激来自全美五十个州、波多黎各和其他美国领地的每一位支持我的民众。他们代表那些被布什政府忽视和抛弃的人们来参与我们的竞选活动。
>
> 对我的支持者们,我的勇士们——我同甘共苦的姐妹们——我发自内心地说一声:谢谢你们。

之后希拉里回到给支持者们做思想工作上来,让他们去支持巴拉克·奥巴马当选,去应对挑战,让未来充满希望。这就是我所说的从内心发出声音的意思。希拉里表述了她个人的感受,且是从一个有血有肉有情感的人的角度,而不是从逻辑性的角度。

要做到从内心发出声音,使听众理解你所传递的信息,总结

第七章　言行一致：沟通力

起来共有三个步骤：(1) 证明你理解别人说的话和他们的感受，(2) 分享个人经历来显示你的关心并致力于改善，然后 (3) 把情感转化为激励。这几点乍听起来也许很复杂，但当你开始采用这种方式，它就会慢慢变得直观。你会因此具有非凡的沟通力。

秘诀 3：调整沟通风格

成为成熟的领导者后，我们会拥有一整套丰富的经历，它最终会引领我们找到个人与生俱来的、最好的领导方式。我们称这些方式为**偏好的领导风格**。我们中的有些人管理风格可能比较直接；另外一些人可能更倾向于协同合作，或注重愿景激励等等。在《希拉里传》一书中，卡尔·伯恩斯坦描述了希拉里的领导风格，这种风格造就了一种建立在团队基础上培育共治和忠诚的文化。重视达成共识而不是等级制度的女性领导者通常偏爱这种风格。

我们也都有一个偏好的社交或沟通风格。有许多不同的模型可以用来将这些风格分类，而我个人比较喜欢戴维·梅里尔博士 1960 年创建的社交风格模型，因为它简单易用。戴维总结出四种基本风格：

- **驱动型**。那些喜欢对方马上讲到重点,不想听具体细节的人。

- **表现型**。那些想要被注意,喜欢用自言自语来产生新想法的人。

- **友好型**。那些想和整个团队处理好关系并且很在乎大家感受的人。

- **分析型**。那些想把事情做对,喜欢在做决定前把所有事实摆在面前、问很多问题的人。

上述分类在几个方面都很有用。首先,了解你自己偏好的沟通风格很重要,因为这是你自然沟通的方式。对那些和你有同样偏好的人,你们之间的沟通可能会很顺畅,但对于其他类型的人沟通起来可能就不那么顺畅。所以,能够读懂交流的情景和对象以确定哪种沟通风格最有效是至关重要的,然后你才能相应地调整你的风格。

通常,你可以通过观察一个人如何与人沟通来判断他偏好的交流风格。如果你能确定这个人偏好的风格,你就能琢磨出如何与他交流可以最好地传达你的观点。绝大多数人会以他们偏好的交流方式与他人沟通,实际上,如果你能调整自己的风格来适应

第七章 言行一致：沟通力

对方，沟通会更加有效。例如，如果你与分析型的人交流，一定要有充足的事实和数字来支持你的观点，而且你的方法要有逻辑性；如果你交流的对象属于驱动型，那就直入主题，让他提问，以补充重要的细节。

希拉里在调整风格有效沟通方面非常出名。曾在 2009 年和希拉里共事过的理查德·霍尔布鲁克和乔治·米切尔都说，希拉里对同事个性的坦率评价让他们受益良多。这也使希拉里在与人沟通时能调整她的风格。格伦·凯斯勒为《华盛顿邮报》撰写的一篇文章引用了米切尔的话："希拉里能有效沟通的一个原因是她非常直率。她能用简单的话陈述复杂的问题。"在一次关于希拉里与巴基斯坦商人和学生交流的争论中，《洛杉矶时报》的保罗·里克特写道："希拉里坦率的沟通方式与其说像首席外交官，倒不如说更像参议员，这为她赢得了名声。"

美联社也认同这样的评价："作为一名政治家配偶、职业公务员以及近来的外交官，希拉里一贯直言不讳。"这符合我推崇的黄金法则：己所不欲，勿施于人。这也就是我所说的——根据你沟通的对象和情境来调整你的沟通风格。

调整沟通风格的另一必要性在于，如果你对某一种特定的风格有强烈的偏好,你可能意识不到你在不经意间走向了片面。例如,如果你尤其善于分析,你也许会非常缜密和精确,但同时也会呆板和缺乏灵活性;如果你是一个非常强势的驱动型的人,你也许很擅长处理和快速完成多重任务,但你也许会对别人的情感不敏感或太急于做决定,等等。因此,重要的是从你信任的人那里获得关于他们如何看待你的反馈,然后调整你的沟通风格,扬长避短。毕竟,大多数时候知觉即是现实,你可以通过留意你传达的内容和沟通的方式来影响别人的知觉。

最后,作为一个领导者,如果知道如何有效地调整沟通风格,你就能更有效地影响他人。我的公司做过一个"有效影响"的项目,涵盖人们做决策的四种方式。我简单解释一下这四种方式,你就能明白我的意思:

● **支配型**。求实,务实,自主,依据事实做决定,偏好高效率的选项。

● **直觉型**。敢于冒险,喜欢别人参与,愿意承担风险,偏好创意和新想法。

● **稳重型**。权衡选择,理想化,犹豫,考虑对别人的影响,偏好群体共识。

第七章 言行一致：沟通力

- **谨慎型**。讲求每一步的逻辑性，保守，深思熟虑，喜欢研究所有的选项，偏好稳妥的选项。

你可能猜到了哪种决策方式与哪种社交/沟通风格对应：驱动型的人对应的是支配型的决策方式；表现型的人运用直觉型的决策方式；友好型的人对应稳重型的决策方式；而分析型的人则偏好谨慎型的决策方式。

如果你能判断某女士偏好的社交风格，你就可以揣摩出她怎样才最有可能做决定，并以能让她更容易做出对你有利的决定的方式与她沟通。你也可以感觉到怎样进行谈话才最能令她满意，比如是否应该强调逻辑性、富有感情，或注重情景配合等。

关于调整沟通风格，我想讲的另一点是，要记住保持在你自己的舒适区内。尝试去适应一种对你来说不自然的沟通方式是非常困难的。当然，你应该多了解尝试不同的沟通风格，这样你在与人沟通的过程中就能逐渐发现最适合你自己的风格了。就算没有完全做到，而只是意识到需要根据情境调整沟通风格，也将把你带到正确的方向，这会让你对他人的需求更敏感，这也是作为一个有坚忍力的领导者的内涵。

秘诀 4：带着目的倾听

我不明白为什么小学、高中、大学甚至是研究生院都没有开设倾听方面的课程。原因不可能是倾听技巧不重要——我们都知道它很重要；也不可能是因为我们本能地就能很好地倾听——因为我们并没有做到；也不是说我们不知道如何把倾听分解为便于讲授的元素——因为我们已经这样做了。也许学术界认为我们将通过耳濡目染来学会倾听，但事实上我们很可能并没有学会。

然而，倾听是非凡沟通所需的最基本的技能之一。除了理解所说话语的含义，聆听还涉及其他内容，诸如读懂非语言信息、察觉语气中携带的情感暗示、解读未言明的部分和个中缘由，以及从情景语境中揣摩含义等等。可列的清单很长，有些内容可能会让你大吃一惊。我曾看到一个研究报道说，语气在我们的沟通效果中占 38%，而话语本身只占 7%！正如你所看到的，倾听是一项相当复杂的技能。

当我说作为一个领导者在倾听中学习很重要时，我真正要讨论的是如何带着"更好地理解人和事"的目的去聆听。为了做到这一点，你必须练习主动倾听。光听到别人说什么是不够的。你

第七章　言行一致：沟通力

需要不断地识别两样关键的东西：意思和感受。她真正想说的是什么？她真正的感受是怎样的？

要做到这一点，在倾听时，你得能够搁置判断而代之以好奇心。你需要一直问自己这几个问题——谁？做了什么？何地？何时？为什么？这样你才能真正理解。例如：哪些人参与了？这里到底发生了什么？我们哪些方面正受到影响？这是什么时候发生的？为什么这很重要？最后，你需要一直问：然后呢？有什么启示？我们可以做些什么？

希拉里在这一点上做得非常好。她的同事克里斯汀·曼尼恩告诉我，当希拉里倾听某人讲话时，她把注意力完全集中在这个人身上，并花大量的时间来问问题以真正弄明白对方要表达的内容，这样希拉里就可以做出明智的决定或推进她手头的工作。希拉里总是带着目的倾听。克里斯汀说，"希拉里真诚地通过倾听来学习。你可以不同意她的意见，这都没有关系，但她会一直想知道为什么。她想了解你的观点，并能真正从你的角度看问题而不是浮于表面。"我认为这是有坚忍力的领导者一个重要的特质。

你还需要在倾听时检验自己的理解。我们每个人有各自不同的"过滤装置"，这些"过滤装置"决定了我们听到的意思。因此，检验我们"听到"的是否就是说话人实际所说的非常重要。一个简单的方法是，意译或向说话人总结你所理解的意思，让她来验证你是否正确，或者纠正你可能理解错的地方。例如，"你说的是不是……?"或者"我想我听到你提及了三件你认为重要的事情，分别是…… 我漏掉什么了吗?"这不仅能保证你的理解是正确的，还能让对方知道，对你来说，理解她说的话有多重要。而且，当对方感受到你足够在乎是否真正地理解她时，她更有可能反过来尝试去理解你。

以下是做到"带着目的倾听"的一些小窍门：

● 当别人正在跟你说话的时候，不要思考该如何回应。我知道这很难，因为我们脑子里总会有个微弱的声音一直咿咿呀呀地响。但是，如果你意识到这不能让你带着目的倾听，你可以把它先关掉一会儿。

● 耐心一点，不要打断。在你做出回应之前，让说话人完整地表达她的想法。我的母亲经常告诫我，"要忍住不说"。

● 注意非语言行为。如果非语言行为和语言不符，则有可能说话人说的话和她真实的想法或感受不一致。

● 怀着同理心倾听。你要能体会到对方的喜悦和痛苦，这一

第七章 言行一致：沟通力

点很重要。

秘诀5：不要逃避困难的谈话

困难的谈话指的是任何难以谈论的事情。我头脑中立刻浮现出一些场景：要为一场蹩脚的演出写一个评论；邻居家的狗在凌晨两点不停地叫；你的老板做了一个你认为是完全错误的决定……还有很多我们尽量避免提及的类似的谈话。这要么是因为担心对方的回答和反应，要么是因为害怕惹得别人不高兴。我知道的大多数领导者宁可处理更复杂的工作，或者解决更困难的问题，也不愿意进行这类谈话。然而，有坚忍力的领导者必须进行这类谈话。并且，在这个过程中，他们一定要有勇气说实话。

当然，我知道这说起来容易做起来难，因为我们不是做不到，而是不敢去做。那么，我们就来看看怎样能把担心降到最低，并且鼓励自己去进行一次困难的谈话吧。

首先，要做功课。尽可能对情况有所了解。要去检验事实，不要依赖别人的意见。尝试从不同的角度出发。并且，清楚自己想要让谈话产生怎样的结果。众所周知，希拉里就是这么做的。我在第三章提到了这一点。她的好奇心是天生的，她也学会了要预先做好充足的准备。

然而,你也要意识到所谓了解情况仅仅是你个人的观点。在困难的谈话中,你也期望知道对方的观点。因为真相也许存在于双方观点之中。积极的倾听技巧会帮助你做到这一点。

其次,尽可能晚一点做评判。当你接触某人时,如果脑子里预先已有对或错、好或坏、应该或不应该的想法,你就不可避免地会给对方造成一种威胁,使他下意识地把自己保护起来。事情往往就是这样。因此,正如我之前所说,用好奇心代替这种评判性的想法,你就不大可能收到对方"要么打要么逃"的反应。这样做的结果是,问题讨论起来会变得容易。

最后,进行这样的谈话宜早不宜迟。在领导者培训中,我曾多次指导他们当事情不可避免时,应当如何来传递坏消息。很显然,如果在问题刚出现的时候,就向对方说明这一问题,双方讨论起来会容易得多。大多数时候,时间拖得越久,谈话就越情绪化。在进行困难谈话时,如果双方能够心存善意、讲究技巧和开诚布公,反而往往能缓和紧张局面、减少压力,甚至在你和对方之间创造出更多的互相尊重和信任。

我想,希拉里深知,作为国务卿,她和团队成员之间以及团

第七章 言行一致：沟通力

队成员彼此之间有时要进行困难的谈话。在与国务院工作人员的一次早期谈话中，她曾鼓励大家诚实地表达和分享他们的观点。希拉里说："我想要你们提出最好的建议。我想让你们明白，与其他相比，我更欢迎充分的讨论和那些能让我们进步的对话。"会议结束的时候，她说："因此……我们需要在这栋大楼里营造一种开放、坦率的氛围。我欢迎这种氛围。当然，不是每个人的想法都能被写入政策。但是，因为你的建议，我们一定会变得更好。"如果你能在团队中营造出这种坦诚的氛围，就能为困难的谈话奠定基础。而这种谈话是有坚忍力的领导者非凡沟通能力的一部分。

以下是非凡沟通的一个快速自我衡量标准：

● 你是否描绘了一个足够吸引人的未来图景，使得员工想要自发地付出努力来实现它？

● 你是否用一种积极的、给对方以信心的方式来沟通？

● 当你想要让听众与你及你传递的信息产生共鸣时，你是否能从内心发出声音并富于感染力？

● 你是否和他人产生情感共鸣，并通过语言和行为来传递这种同理心？

- 你是否知道自己偏好的社交或沟通风格？你是否能调整自己的风格以更有效地与人沟通？
- 你是否通过搁置评判并保持好奇心，来积极地倾听他人？
- 你是否会检验自己是否理解了别人所说的话？
- 你是否会主动进行那些你觉得会让人不舒服的谈话？
- 你是否鼓励团队成员，不管是和你之间还是彼此之间，都在相互尊重的前提下做到开放和坦诚？
- 在面临巨大挑战和重大变革时，你是否通过语言激励来帮助别人提高坚忍力？

最后再重申一下，实现非凡沟通有以下五个秘诀：

非凡沟通的秘诀

秘诀1：激励行为

秘诀2：从内心发出声音

秘诀3：调整沟通风格

秘诀4：带着目的倾听

秘诀5：不要逃避困难的谈话

LEADERSHIP SECRETS OF HILLARY CLINTON

第八章

目的明确：方向力

我想你一定思考过工作时执行某一项目是何目的，或者举行某一场会议是何原因。但是你是否真的考虑过自己的人生**目的**呢？这是件很有意思的事，但是做起来却并不简单。我们总是忙于处理日常事务，却很少有时间去考虑下一个小时或者第二天即将发生的事情。然而，假如你把人生当成一次旅行，你难道不想知道你的目的地吗？了解目的地信息难道不会使这次旅程更加有趣，并有助于你选择最好的路线、帮助你克服沿途的重重困难，甚至在你沮丧或失望的时候激励你继续前行吗？

对我们每个人来说，人生目的简单而言就是我们存在的理由。它通常与追求"更大的利益"相关，即实现一些有利于他人的目标。在我们事业刚起步时，这种目的感常被满足衣食住行等基本需求的欲望所掩盖。事业有起色后，我们又忙于在组织中寻找归属感和获得成功。然而，即便是在我们专注于某些特定的追求时，我们也会被"做有意义的事"这样的想法所驱动。有些人想拯救环境，有些人想帮助残疾人，还有一些人想救助不幸者，而且这种目的感并非一成不变。

人生阶段不同，我们关注的事物往往也不同。如果你有孩子，那么在很多年的时间里，他们都会是你时间和精力的重心。然而，当思考什么是真正有意义的事情、该在哪些方面创造可供传承的财富这样的问题时，我建议你将眼界放宽至直系亲属范围以外。

据我所知，人们并非天生就有这种目的感。目的感要么是作为一种基本价值观被习得，要么是源自某种引起我们内心极大共鸣以至于无法忘却的经历。希拉里就有这样的经历。

在希拉里年轻时，她经常和朋友在上完"主日学校"课程后去看望她所在社区里的移民劳工。年轻的希拉里意识到，这些劳工家庭中的儿童生活是多么艰苦。尽管缺乏适当的医疗保健和教育，但是他们仍然对生活抱有希望。诸如此类的许多经历给了希拉里很大的启发，并且赋予她的人生以目的感。

多年来，希拉里致力于为儿童创造更好的生活条件。她后来

第八章 目的明确：方向力

在阿肯色州儿童医院法律服务委员会和儿童防卫基金会任职，并于1977年在《耶鲁法律》杂志上发表了一篇名为《儿童政策：抛弃与忽视》的论文。文中探讨了当儿童在家庭中受到虐待或者忽视的时候，司法和社会所面临的艰难抉择，这些抉择可能导致儿童的医疗保健权利和留在学校继续接受教育的权利被剥夺。同一年，她作为创始人之一成立了阿肯色州儿童与家庭权益倡导组织，在全州范围内与儿童保护基金会合作。后者曾经对被关押在成人监狱的青少年犯人的生活条件进行调查。经过共同努力，两个组织最终成功将青少年犯人从成人监狱中分离出来以获得更多的保护并加快审判流程。在希拉里之后的政治生涯中，儿童问题始终是她工作的重心。这一切源于希拉里早年的经历，这些经历激励着她为儿童服务——不为金钱或名誉，而是因为儿童始终是希拉里深切关注的对象。

有目的感的生活也能赋予人独特的能量。跟随希拉里多年并在其整个总统竞选过程中都和她十分亲近的CNN记者凯蒂·克劳利曾提到，如果你没有强烈的目的感，就不可能会有希拉里那样的能量和专注度。换句话说，"如果能坚信一个理念，你就能保持前行。"就像希拉里的政治纲领中所描述的那样，正是这种强烈的目的感,帮助她在总统竞选最艰难的时期仍在工作中保持专注。当人们议论说她可能不会赢得民主党总统候选人提名时,她更加努力。凯蒂还表示,参加总统竞选这样一个全国性活动需要耗费大量的精力。对很多候选人而言,仅仅是马不停蹄的旅行以及不得不"每时每刻暴露在公众面前"就已经是莫大的压力了。凯蒂还跟我分享了这样一个故事。有一次,当她在报道竞选时,希拉里因为一个集会飞去了西海岸,紧接着又乘"红眼航班"飞回东海岸,只为能在次日早上7点接受一个重要的谈话节目的采访。如果你曾乘坐过"红眼航班",那么你就明白那意味着当晚你不会有什么睡眠。凯蒂评论说:"希拉里喜欢谈论政策问题,她相信自己能在这方面产生积极影响,使现状变得更好。"希拉里就是这样带着目的感而生活着。

值得注意的一点是,最近的两项研究表明:正是由于带有目的感生活,希拉里可能过得更好,活得更长!美国罗彻斯特大学的人类动机研究组在一项研究中发现,相对于那些生活的动机主要来自外部激励的人来说,有目的感的人对生活表现出更多的兴趣、兴奋感和信心,以及更强的持久力、创造力和表现力。另外,美国拉什大学医学中心的一项研究表明,具有更强目的感的

第八章　目的明确：方向力

人将可能比没有目的感的人活得更长久。

如果我们能清楚自己的目的，那么我们就可以将它转化为我们工作的动力，并从工作中体验到更大的满足感。打个比方说，我热衷于帮助伟大的领导人物更加卓越，这也是让我真正感到兴奋的事情。因此，我选择在一个机构中帮助重返职场的女性提升领导潜力。此外，我还幸运地创办了一家公司，着重关注世界500强企业的领导力发展问题。

你还可以把你的激情转化到你的领导角色中。下面我来解释这句话的意思。一个企业领导者可以在两个领域中将目的感与日常工作接轨：

目的	工作
● 为他人服务	● 训练和指导员工
	● 培训新员工
	● 领导团队应对变化
● 改善现状	● 研究和推动对你而言重要的事业
	● 创办新企业
	● 在组织内部和外部领导变革

那么，你是带着目的感在生活吗？你的目的感对你的工作产生了影响吗？下面的四个问题能帮助你更好地找到答案。

> ● 你是否经常沉浸于自己正在做的事情之中,并感到时间飞逝?
>
> ● 当你每天起床去工作的时候,会感到兴奋吗?你是否期待到达工作地点然后完成你当天的计划?
>
> ● 有没有一些你正在做的事情让你感到你的工作是有意义的?
>
> ● 你能否想象即使自己面临艰难困苦但最终仍将胜出,因为你相信你现在承受的痛苦和付出的努力都是值得的?

对于这些问题,如果你的回答是肯定的,那么有可能你正在做的工作与你的价值观及人生目的是一致的。而这种一致性将会是你的坚忍力的重要来源。下面是利用好你的人生目的的五个秘诀。

秘诀 1:确定人生目的

是什么让你深信不疑并愿尽一切努力去实现它?生活为我们提供机会去服务他人,而作为回报,我们会获得一种绝无仅有的成就感。我把它称为**人生目的**。

希拉里的人生目的是什么?究竟是什么对她来说如此重要以至于她愿意全力以赴去完成那些危险的工作,诸如阻止伊朗的核

第八章 目的明确：方向力

计划、控制巴基斯坦的伊斯兰叛乱，或是协助美国新驻军在阿富汗的民用项目？是什么让她愿意身赴险境去那些人人对她充满怀疑的地方发表演说？又是什么让她熬夜一份又一份研读简报了解事件详情，以在国际事务中更好地代表自己的国家？我们知道对于身为国务卿的希拉里而言，促使她做出上面种种行为背后的真正动力是：她需要清楚地了解她正着手处理的问题或形势以做出正确决策——把事情导向"正确"的途径或带来积极的改变。

而真正的问题是，对你而言什么是最重要的？

也许你已经有了答案。我的一个朋友，也是我的同事，就十分清楚自己的人生目的。她的儿子患有严重的学习障碍症，因此，她致力于帮助那些正承受着非自身过错的痛苦的人。她开创了华盛顿特区阿喀琉斯田径俱乐部，专为肢体残疾运动员服务，还在马里兰州郊区建了一个救济灾民的流动厨房，并为一个大城市中的孤儿院安排协调志愿者。她的全职工作是管理一个由一家世界500强企业资助的名为"联合之路"的项目，负责那些影响整个企业中大部分人的重大变革的管理。而将她的所有这些活动联系在一起的，是她内心的愿望：想要帮助那些无论出于什么原因而身处困境的人。不用说，她当然是一个十分忙碌的女人。但是似乎她的精力从来就用不完，而且她是我所认识的最积极乐观的人之一。她知道什么对她来说是重要的，也知道它们为什么重要。

你要了解你自己，这很重要。有一些问题需要思考：

- 你在工作中真正追寻的是什么？你想要更多的金钱、认可还是权力？你是否有意识地把重点放在能给自己带来极大满足感的事情上，还是放在能为他人带来利益的事情上？

- 你认识的人中有谁看上去具有这种高度的目的感？它又是怎样影响这个人的日常生活和行为的？那是怎样的目的？为什么这个人要为之奉献？它又是怎样影响其他人的？这个人对你有怎样的影响？

- 回想一下过去的某段时间：你行使了领导权，感到压力，却仍能保持专注，而这都是你决心、毅力和内在动力的结果。是什么带给你满足感、愉悦感和能量？这样的情况是不是说明了你很关心某个领域？那是什么领域呢？

- 你想在哪方面有所作为？该怎样做到？如果你没能在该方面取得进步，你会有什么感受？如果你为某方面的失败感到非常遗憾，那么你就会意识到你的人生在这个阶段的目的所在。

第八章 目的明确：方向力

如果你正带领一个团队或者组织，你也可以营造一种富有目的感的环境。与你的团队成员一起列一张清单，罗列出每个人致力于当前目的的原因。让团队中的每个人都参与进来，分享自己通过努力获得回报的想法与感受。然后大家一起把清单中的原因按照优先程度排序，加以讨论并得出一个一致的结果：基于大家提出的目的，成功应如何定义。在你的组织或团队中保持目的感是维系承诺和专注的关键。它既能使团队成员在每天的工作中充满干劲，又能如指南针一般，在当团队在会议讨论、战略规划或日常活动中偏离正轨时指引正确的方向。

秘诀2：推进目的的实现

有些人很清楚自己的人生目的，但总是缺乏行动力去实现它。其实这都与专注力和意图相关。卡尔·伯恩斯坦在《希拉里传》中写道："无论是成年前还是成年后，也不论所参与的是家庭的、代际的、经验的、政治的还是历史性的事务，希拉里几乎总是极度热切地渴望成为一个富有激情的参与者和主角。称之为野心也好，称之为想要使世界更美好的愿望也罢，希拉里很少会站到一旁被动观望。"

伯恩斯坦继续写道:"希拉里生命中的三大支柱支撑她一次又一次战胜人生困境、公众危机和家庭风波:宗教信仰、对于服务公众及伴生的自我实现感(不论好坏)的迫切渴望,以及对于保护隐私的强烈愿望。"其中服务公众的渴望成为了贯穿希拉里一生的个人和职业生涯奋斗的方向。

记住,明确目的和实现目的会给你的整个人生带来巨大的能量和强烈的成就感。在你偏离航线时,目的是把你拉回港湾的锚;当你深感困顿甚至遭遇挫败时,它带给你坚持下去的希望。

下面是一些帮助你思考怎样实现目的的小诀窍:

> ● 问自己是什么阻碍了你为了实现目的而所采取的行动。常常有人告诉我,他们没有足够的时间做自己想做的事。检查一下你的日常活动,然后问自己:哪些对你的人生有价值,哪些没有。问自己,哪些任务你可以剔除或者改变,甚至是交给他人,这样你才可以将更多时间放在自己的目的上。
>
> ● 做一些调研。花时间跟那些有目的感的人聊一聊。问问是什么促使他们做有目的感的事情。然后问他们是怎样不断努力实现自我目的的,尤其是当他们面对变化、过度的压

> 力,以及自身目的与他人对自己的期望相冲突的时候。
>
> ● 找到一个能带给你无穷能量及自我实现感的领域。问问自己是否对这个领域有天然的热情。在过去的成功经历中,你利用了哪些个人优势及专业技能?你现在如何能利用这些相同的优势和技能来推进目的的实现?
>
> ● 开始制定你的"目的声明"。大声对自己说出你的目的,直到你能倒背如流,然后把你的目的与亲友、同事分享。

你的目的可以像这样:

"成为一个积极的、对孩子们有很大帮助的老师。"

"成为组织中的变革推动者,帮助成员和组织成功渡过当前的难关。"

"服务社区,帮助那些不幸的人解决困难、应对挑战。"

"竭力成为最关心他人、支持他人、帮助他人的朋友、同事、父母或配偶。"

秘诀3:保持目的活力

在繁杂忙乱的日常生活中,人很容易失去目的感,所以你需要时不时地"检查"自己，以确保你始终把注意力放在对你真正重要的事情上。当公司的日常事务让我不堪重负甚至精疲力竭时，我个人最好的应对方式是在某个会议或某个领导力论坛上发言。这似乎总能让我回到正轨并重新获得满足感。

有一次，我乘坐一趟"红眼航班"从西海岸赶回来在一个拉美相关会议上发言。抵达华盛顿特区几个小时后，我花了90分钟带领一大群新晋领导者扩展他们对自己领导潜力的认识，然后教给他们一些在工作环境中有用的领导工具和技巧。培训结束后，我仍感到活力十足，觉得即使再给他们培训几个小时也完全不会感到疲惫或失去兴趣。一想到我也许能提升这些未来领导者的职业生涯，我就充满动力，无论行程安排多满、无论回到办公室后需要处理多少问题似乎都无所谓了。每当管理公司花费了我太多时间，类似的经历总能提醒我自己的目的所在，保证我不偏离方向。我觉得类似的事情也发生在很多组织的主要领导者的身上。因为我们不能每天都做自己真正喜欢的事情，所以更是要经常刻意地提醒自己目的所在，保持目的活力。

为保持目的活力，你可以将某些特定的提示物、经验和惯例整合到你的生活中。比如你可以做以下这些事情：

第八章　目的明确：方向力

● 就你关心的话题在某些场合发表演讲——这有利于实现你的目的。

● 指导一个同事或者朋友。

● 参与一个社区项目，比如救济贫民的流动厨房。

● 去做志愿教师。

● 在你的教会、孩子的学校，或是专业协会等其他机构中贡献自己的力量，使之因为有你而不同。

● 读一本让你充满激情的励志书。

● 在电脑上、桌子上或是冰箱上贴一条励志格言。

为了在你的公司中保持目的活力，可以考虑召开员工会议或者聚会，那样员工就能聚在一起讨论公司的价值和原则。让公司领导和经理们参与新员工培训是很有帮助的，这样他们就能向新员工传授公司的价值、信条和目的。让新入职员工知道这些是有好处的，时常提醒在职员工这些价值、信条和目的也同样有益。

秘诀4：梦想融入抱负

生命所赋予我们的最伟大的礼物之一，就是让我们能够将梦想融入抱负之中。我来解释一下：我一直热衷于帮助女性在事业上取得领先。我在一个由男性主导的工厂里开始了我的职业生涯——当时监管在生产线上的男工。由于当时没有女性导师或是经理人教我如何在一个由男性主导的工作环境中生存，一切必须靠自己摸索，有时候教训是惨痛的。因此，我后来一直努力地帮助其他职业女性——就像当时如果能有一位女性帮我，我一定会感激不尽一样。我从指导女性创建社交网络着手，帮助她们相互联络，培养互相支持的社群意识以共同应对工作中所面临的困难和挑战。我训练网络内的女性，让她们更加具有政治悟性，从而能对组织中的关键决策者施加更大的影响。后来，在创立自己的领导力发展公司时，我想到了设计一个女性领导力发展项目，以专门帮助那些有着独特的需求和天赋，而且渴望成为领导者的女性。于是我创建了女性领导与学习计划项目，这在当时的美国尚属首例。该项目现在仍大受欢迎，是我公司一个分部的旗舰项目。就这样，我把帮助女性获得职场领先的热情和商业成功的目标结合了起来。

通过保持专注以及坚定行动，将你的目的感融入你的日常活动中。记住，实现使命的行为并非一定要轰轰烈烈。你只需在日常生活中随时意识到使命所在，并且不要忽略任何机会。我最近和瑚玛娜医疗保险公司密歇根州总裁丹妮丝·克里斯汀聊到了目

第八章　目的明确：方向力

的感和坚忍力之间的紧密联系。从许多方面来看，丹妮丝的生活似乎总能如河流般坚定"流淌"。她很少会有内心的冲突，也总能把注意力放在自己的目的上。丹妮丝的人生目的就是寻找方法帮助他人、回馈社会。她把每一天都过得很有目的性。当公司遇到困境时，她总能有意识地为对话带来价值或采取适当的措施。作为公司领导，丹妮丝除了在工作中竭力为员工创造更好的职业发展机会外，还在工作之余给员工以帮助。

丹妮丝说："每次当我召开午餐会时，我都希望能为别人带来有益的经验分享。当我走进餐厅时，我会尽量让用餐时间不仅仅是闲聊，还能进行有目的的谈话，或许我会帮助某个人看到自己身上一些被忽略的东西，或许我和员工会在某个重要的问题上来一次头脑风暴。我从来不知道午餐会的谈话会是什么样子的，但是我的重点始终是，我怎样才能帮助你？"丹妮丝提到，对她来说，重要的是当很多年后回顾人生时，能够看到自己对提升他人生活质量产生了影响。那让她觉得自己是有所作为的。

因此，想想你的人生目的，然后去寻找机会，无论大小，都把它们融入你的实际工作和人际交往中。

秘诀5：现在开始行动

当今世界的一个重大转变是，未来取决于个人当前的选择，而不是等待有人发给你一本教科书，指导你如何过上成功的生活。一切取决于开发自己内在的领导力以及勇于承担创造梦想生活的责任。这需要努力的工作、坚定的承诺、大量的精力以及一种强烈的目的感。没有目的感的一天对你甚至是别人而言都是被荒废的一天。我们生活在一个正在努力重建自我、追求社会稳定和持续发展的世界。这尚未完全实现，甚至还可能需要很长时间。但是我非常肯定的是，那些能够带领我们实现美好世界愿景的领导者，一定是那些带着目的感去生活和做领导的人。

请记住，困难的暴风雨越大，我们就越有可能退回到原有的习惯，或是失去创新前行应对挑战的能量。而那些具有强烈目的感的人们，无论他们的目的是什么，终将经受住暴风雨的考验，领导自己和团队坚定前行，抵达目的的彼岸。他们不管是在每天的生活中还是在不同的形势下都能发现机会，然后努力行动实现目的。这也是成为有坚忍力的领导者的内涵所在。

那么，是什么正在阻止你有目的地生活和领导？以下是一些建议：

第八章 目的明确：方向力

● 常置身于那些能带给你能量、激励你超越平凡的十分进取的人和形势之中。

● 更广更深地思考。确定目的往往意味着要退后一步考察你生活的四个主要象限：生理、情感、心理和精神。当这四者相协调的时候，你会得到心流体验，机会的大门开始为你打开。怎样才能在日常生活中丰富这四项内容呢？如果某一象限有所缺失，那就努力提高生命中的这个部分。这将帮助你有集中精力实现更高层次的目的，并领略目的在你人生中所起的非同凡响的作用。

● 最后，我们都应该问自己：我们最终想成为什么样的人？在我们百年之后希望别人怎么评价我们？我们希望自己能留下什么样的精神财富？

过有目的的生活的秘诀

秘诀1：确定人生目的

秘诀2：推进目的实现

秘诀3：保持目的活力

秘诀4：梦想融入抱负

秘诀5：现在开始行动

LEADERSHIP SECRETS OF HILLARY CLINTON

第九章

畅 想

世界在改变——你呢？

当今，我们的世界、国家和机构都在经历着许多重要的转变。环境的复杂性使得公司领导者需要思考未来会怎样，"新标准"究竟是什么样的。我相信我们还没有到这个阶段，达到新的平衡还需要一些时间。不管你是处于某个机构高层、领导一个团队，还是在社区做义工，你一定会面临一些挑战或经历一些困境。这是无法改变的事实。当这一切发生时，你是逃避困难，还是迎头面对？有坚忍力的领导者会选择后者，并将这些挑战视为发展更高智慧、提升竞争力和内心自信的机会。让我们记住，造就"伟大"领导者的不仅仅是他们取得的成功，还有他们适应变化及应对不幸甚至失败的能力。

我亲爱的父亲麦克斯·香博总是说："生活就是一场巨大的

冒险——充满了跌宕起伏，但最终在于我们怎么做。"本书的精髓也印证了我父亲的观点，我们对自己的成功或幸福的掌控力可能比我们想象的更强。我们对命运的掌控从自我认识、核心信念和流行观念开始。这些将会影响我们的信心、动力和毅力，这三者直接决定了我们面对挑战时表现出的坚忍力。尽管生活中存在不可避免的阻碍和挑战，我们每个人都有能力实现最高水平的成就。一切都与我们每天做的各种选择息息相关。

一切取决于选择

当今组织机构的管理方式正从注重基于层级的"指挥和操纵"向鼓励参与、选择和个人担当转变。无论个人如何定义成功，我们都有了实现职业成功的力量和影响力。这同样意味着没有人会发给我们一本教程指导我们如何面对改变、不幸甚至失败。我们将不得不像希拉里一样自行找到解决之道。希拉里非凡的成功很大程度上源于她能按照保持坚忍力的秘诀中描述的那样去生活和做领导。本书中叙述了她生活里所面临的很多沮丧、挫

第九章　畅　想

折和变化。帮助她到达"风暴另一面"的是她超凡的耐力和坚忍力。我们能从她那里学到很多。随着你的自我觉察的建立,我希望你利用本书中提出的观点,运用希拉里保持坚忍力的六个领导秘诀,成为一个持续学习、值得信赖、勇于改变、善于连接、富有目的感的领导者,从而为自己及他人做出卓越的抉择。

相信!

记住,坚忍力不是指跑一趟马拉松并跨过终点线,它更多指的是发掘你内在的能力并深知你能做到!我记得梅西百货2008年的假期购物袋上就印着"相信"一词。也许这个词应该作为有坚忍力的领导者的口号。那些"伟大的"领导者和那些在未来日子里成功坚持的人,总是相信自己并能创造出其他人也相信的美好愿景。显然,做到这一点需要深思熟虑、周密计划并且目的明确地行动,这样才能在"新标准"下取得成功。所以,从今天开始,明确如何使用这些秘诀让自己成为一个有坚忍力的领导者。然后,让你也成为他人效仿的榜样!

LEADERSHIP SECRETS OF HILLARY CLINTON

附 录

希拉里领导力与行动的两篇演讲

2008年8月26日希拉里在民主党全国代表大会上的演讲

今晚,我很荣幸地站在这里,作为一名自豪的母亲、一名自豪的民主党人、一名自豪的美国人,也作为一名自豪的巴拉克·奥巴马的支持者。

我的朋友们,是时候重新执掌我们深爱的国家了。

无论你之前是投票给我,还是奥巴马,现在我们都应该作为一个政党团结起来,朝着同一目标努力。我们身处同一团队,没有人可以袖手旁观。

这是一场为了未来而战的战斗,也是一场我们必须打赢的战斗。

过去35年里,我为了儿童而奔走,为了人人病有所医疾呼,为了帮助父母们平衡工作和家庭的关系而努力,为了国内外妇女权益而奋斗,我不愿看到白宫里再出现共和党人来挥霍国家的承诺和人民的希望。

过去的18个月里,我们如此努力;过去的8年里,我们如此煎熬,我们绝不能忍受又一届失败的政府。

这绝对不行,这绝无可能。一定不能选麦凯恩。

奥巴马就是我要选的人。他必须成为我们的总统。

今晚我们要记住总统选举真正重要的是什么。当投票结束,一切尘埃落定,选举的结果将自上而下影响到每一个人——全体美国人民、你的生活,和你孩子们的未来。

于我而言,非常荣幸能在你们的家里、公司或是社区中见到你们。你们的故事每天都提醒我,美国的伟大源于美国人民——你们努力工作,你们忠于职守,你们热爱孩子,你们常常面对巨大阻碍,还能果敢前行。

你们教会了我许多东西,让我欢笑,也让我哭泣。你们允许我成为你们生活的一部分,而你们也成为了我生活的一部分。

附录　希拉里领导力与行动的两篇演讲

我将永远记得那位领养了两个自闭症儿童的单身妈妈。她没有医疗保险，而且还检查出自己患有癌症。但她用在光头上写上我名字的方式和我打招呼，鼓励我为医保而战。

我将永远记得那位穿着海军陆战队T恤衫的年轻人。为医保生效等待了数月的他对我说："请先照顾好我的伙伴们；他们很多人都还在战场上为国作战……之后，请你也帮帮我好吗？"

我将永远记得那个男孩，他告诉我他的妈妈干着最低收入的工作，而且连这份工作也朝不保夕。他说不知道一家人接下来该怎么办。

我将永远感激来自全美五十个州、波多黎各和其他美国领地的每一位支持我的民众。他们代表那些被布什政府忽视和抛弃的人们来参与我们的竞选活动。

对我的支持者们，我的勇士们——我同甘共苦的姐妹们——我发自内心地说一声：谢谢你们。

你们永不屈服。你们永不放弃。我们一起创造了历史。

在这一历程中，美国失去了两位伟大的民主党勇士，今晚他们本可以和我们在一起。第一位是我们最优秀的年轻领导者之

希拉里领导力

一,阿肯色州民主党主席比尔·格沃特尼,他深信美国和南部会是,也应该是全心全意支持民主党的。

第二位是我们许多人的好朋友,女众议员斯蒂芬妮·塔布斯·琼斯,一位慈爱的母亲和勇敢的领导者,她从未放弃为使美国变得更公平、更智慧、更强大、更美好而奋斗。斯蒂芬妮是一名信仰坚定、气质非凡的勇士。她曾深深鼓舞着我和我们所有的人。

我们热忱欢迎斯蒂芬妮的儿子小默文,和比尔的妻子丽贝卡,来到丹佛来参加我们的大会。

比尔和斯蒂芬妮知道,乔治·布什在任8年,美国民众在国内受到伤害,美国在全世界上的地位受到削弱。展望未来,我们有很多工作要做。

工作丢了,房子没了,工资降了,物价涨了。最高法院被右翼掌控,我们的政府陷入党派斗争僵局。美国出现历史上最大的财政赤字。我们拿着从中国人那里借来的钱去买沙特的石油。

还有普京与格鲁吉亚,伊拉克和伊朗。

我为了重申美国的承诺而参选总统。为了重建中产阶级并维

附录 希拉里领导力与行动的两篇演讲

护美国梦,提供努力工作并获得报酬的机会,为大学教育、住宅及退休而储蓄,每月能支付汽油和生活开销并能略有节余,以及促进能创造百万计的绿领就业机会的清洁能源经济。

为了创建一个覆盖面广、高质量且平价的医保体系,让父母们不再纠结于只给自己投保还是只给孩子投保,或是仅仅为了能支付得起保费而不得不拴死在没有前途的工作上。

为了创建一个世界级的教育体系,为了再一次实现人人都能上得起大学。

为了一个深刻的、有意义的、平等的美国而奋斗——从民权到劳工权利,从妇女权益到同性恋权利,从终结歧视到推动工会进程来保障养家糊口的重要工作,让我们为实现真正意义上平等的美国而奋斗。让我们帮助每个孩子都发挥上帝赐给他的天赋。

为了再次让美国成为一个移民国家和法治国家。

为了让华盛顿重返稳健的财政政策,让我们的政府为公众利益服务,而不是成为私人掠夺的工具。

为了恢复美国在世界的地位,结束在伊拉克的战争,让士兵们回家,照顾退伍军人以表彰他们的贡献。

为了与我们的盟友一起去应对共同的挑战，无论是贫穷、种族灭绝，还是恐怖主义和全球变暖。

最重要的是，我是为了那些在过去的 8 年中被政府忽视的民众而奋斗。

这些都是我竞选总统的原因。这些也是我支持奥巴马的原因。同时这些也是你们应该把票投给奥巴马的原因。

我希望您问问自己：您参与这个竞选活动仅仅是为了我吗？或者您是为了那位年轻的海军退伍军人以及那些和他一样的军人？或者您是为了那位既要抚育孩子们又要与癌症斗争的母亲？或者您是为了那对挣扎在最低工资线上的母子？又或者您是为了这个国家中所有感觉自己被无视的人们？

我们需要能重塑美国人信心和乐观品质的领导者，这些品质曾帮助我们的先辈成功应对最严峻的挑战。这样的领导者要能带领我们告诉自己和全世界，只要我们拥有聪明才智、创造力和创新精神，在美国就一切皆有可能。

这并不容易。进步永远都不容易。但如果我们不争取将民主党总统送入白宫，这个目标就无法实现。

附录　希拉里领导力与行动的两篇演讲

我们需要把票投给巴拉克·奥巴马，因为我们需要一位知道如果美国仅靠填满能源投机者的腰包，却忽略那些工作被转移到海外的工人，是不可能赢得全球经济竞争的总统。我们需要一位知道如果美国听任石油公司赚取暴利，而无视投资建立绿色经济新技术的机会，是不可能解决全球变暖问题的总统。我们需要一位知道美国的天赋取决于中产阶级的财富与活力的总统。

巴拉克·奥巴马的职业生涯从为在全球经济中流离失所的工人斗争开始。他的竞选基于这样一个基本信念：美国的改变必须是自下而上的，而非自上而下。他知道政府必须是为了"所有的人民"，而不是"少数特权阶级"。

当巴拉克·奥巴马进驻白宫之后，他会重振我们的经济，保护美国的劳动人民，领导我们应对当前面临的全球性挑战。民主党人总是知道如何做到这一切。我记得克林顿总统和民主党以前就做到过。奥巴马总统和民主党将再次实现这一切。

他将通过创造百万计的环保相关工作和投资新型清洁能源来改革我们的能源政策。他将确保中产阶级家庭得到应有的税收减免。我迫不及待想要看到巴拉克·奥巴马将医保计划变成法律，让每一个美国人都得到保障。

巴拉克·奥巴马将以负责任的方式结束伊拉克战争,把我们的士兵带回家——这是修复我们与世界各地的盟友关系的第一步。

他将和米歇尔·奥巴马成为非常棒的搭档。任何目睹米歇尔昨晚演讲的人都知道她将会成为一名伟大的第一夫人。

美国人也同样有幸地拥有乔·拜登伴随奥巴马左右。拜登是一位强有力的领导者、一个正直的人。他深知国内的经济压力和国外的战略挑战。他务实、坚忍、睿智。当然,乔会得到他出色妻子吉尔的支持。他们会是一对好搭档,能够为美国做出贡献。

当然,约翰·麦凯恩也是我的同事和朋友。他曾以荣誉和勇气服务于我们的国家。但是,我们不愿意过去八年的苦难再延续四年。我们不愿意看到经济更加萧条、平价医保变得更少、油价更高和替代能源更少。我们不愿意看到更多的就业机会被转移到海外,而美国国内的就业机会越来越少。我们不愿意看到债务越涨越高、房屋止赎率越来越高、账单越来越贵,这些正在压垮我们的中产阶级家庭。我们不愿意看到越来越多的战事、越来越糟的外交。我们也不愿看到政府只顾着优先考虑特权阶层,却越来

附录　希拉里领导力与行动的两篇演讲

越多地罔顾普通民众。

约翰·麦凯恩说我们的经济在根本上是稳健的。约翰·麦凯恩不认为4 700万人没有医疗保险是个危机。约翰·麦凯恩想私有化社保。甚至在2008年的今天，他仍然认为女性同工不同酬是可以接受的。

因为有了这样的政治主张，难怪下周乔治·布什和约翰·麦凯恩会在双子城会面，毕竟近来已经太难区分他俩了。

美国232年后仍然屹立不倒，是因为我们勇敢应对每一次新时代的挑战，始终坚信人人机会平等、公益至上的价值观。

我知道这对美国的每一个男人、女人和儿童意味着什么。我能成为美国参议员要归功于1848年那一群有胆识的妇女和那几位勇敢的男人，他们很多人日夜兼程，聚集在纽约的塞尼卡瀑布城参加我们历史上首次关于妇女权利的会议。

由此揭开了此后72年为女性谋求选举权不懈抗争的序幕。旗帜由母亲传给女儿，再由女儿传给外孙女。一路上一些儿孙辈的男性同胞也参与其中。

这些男人和女人们看着他们女儿的眼睛，想象着一个更加公平和自由的世界。从孩子清澈的目光里，他们获得了去抗争、去集会和抗议、去忍受嘲笑和骚扰、去勇敢面对暴力和牢狱之灾的力量。

几十年后，也就是88年前的今天，保障妇女选举权的第十九次修正案永远地载入了美国宪法。我的母亲出生时，妇女还没有权利选举。但是，在这次选举中我女儿可以参加投票，选她的母亲担任总统。这就是美国的故事。一个关于男性和女性排除万难、绝不放弃的故事。

如何更好地传承这个国家？我们可以效仿一位勇敢的纽约人，一个冒着生命危险沿着地下铁道带领奴隶获得自由的女人。在通往自由的道路上，哈里特·塔布曼有一个建议。

> 如果你听到了狗叫声，继续前行。
>
> 如果你看到了树林里的火把，继续前行。
>
> 如果他们在你身后大喊大叫，继续前行。
>
> 永远不要停下来。继续前行。
>
> 如果你想要尝到自由的味道，就继续前行。

即使在最黑暗的时刻，美国民众也总能找到继续前行的信念。我已经在你们身上感受到这种信念。我在我们的教师、消防

附录　希拉里领导力与行动的两篇演讲

人员、护士、警察、小企业主和工会工人、军队中的男人和女人身上感受到了它——你们要永远继续前行。

我们是美国人。我们从不轻言放弃。

但要记住,在我们继续前行之前,我们得选巴拉克·奥巴马当总统。

我们一刻也不能松懈,一张选票也不能浪费。

这将决定我们国家的命运和我们孩子的未来。

我希望在大选之日,你想想你的孩子和孙子们,也想想你的父母和祖父母曾做出的那些对你的生命和我们国家的命运产生重大影响的选择。

我们必须确保我们在这次选举中做出的选择会尊重所有前人的牺牲,并让我们孩子们的生命充满机会和希望。

我们有责任构建美好的未来,并教导我们的下一代,在美国只要是努力工作、保持前行、相信上帝、相信国家、彼此信任,就不会有难以逾越的鸿沟,不会有难以跨越的障碍,也不会有无法攀登的高山。

感谢诸位。愿上帝保佑美国,愿上帝与你们同在。

希拉里领导力

2009年1月13日希拉里在美国参议院外交委员会的演讲

谢谢您，舒默参议员，谢谢您的慷慨介绍，更感谢这么多年来您对我们间合作的支持。您是一位宝贵的、值得信赖的同事、朋友，也是纽约民众的财富——您整个职业生涯都在为他们服务，尽职尽责。主席先生，我对您就任新职表示祝贺。从1971年那天作为一个年轻的越战老兵在这儿作证开始，您人生的大部分时间都在为公众服务。您从未动摇过对我们的国家、外交政策或未来的关切和关注。美国可以放心地让您领导这个委员会。

卢格参议员，我期待着在一系列广泛的问题与您进行探讨，尤其是那些您最关切的议题，包括纳恩-卢格计划。

沃伊诺维奇参议员，我要赞扬您为俄亥俄州人民的服务，并希望未来两年在您擅长的管理问题上得到您的帮助。

非常荣幸能在今天早晨以当选总统奥巴马提名的国务卿的身份站在这里。我深深地感谢当选总统的信任，也强烈地感受到当

附录　希拉里领导力与行动的两篇演讲

选总统在这严重危险和巨大机遇共存的时刻托付给我的服务国家和人民的重任。如果最终获任，我将竭尽所能，诚心诚意地以感恩、谦卑、果敢的决心来接受这份公职，代表美国。

与此同时，我必须承认，坐在那么多同僚对面也让我倍感难过。我热爱参议院。而且如果你们确认让我担任这一新职位的话，跟这么多的同事道别对我而言会很艰难。无论是共和党人还是民主党人，我都曾与他们相识共事，并且对他们有着深深的钦佩之情和敬意。我也与舍不得离开参议院，在过去的八年里，我曾在这里骄傲地担任纽约人民的代表。

但是我想向你们保证：我会与本委员会的委员们、众议院外交委员会及拨款委员会以及整个国会保持密切的联系和沟通。我还非常期待能与我在参议院的挚友，当选副总统的拜登继续共事，他在参议院是我尊敬的同事，也是本委员会尊敬的主席。

对我来说，磋商不只是一句口号，而是一个承诺。当选总统和我本人都相信，在外交政策上我们必须回归到历时已久的两党合作原则上，不管是历任的两党总统还是本委员会的委员们都一直赞同这一原则。合作原则能很好地服务我们的国家。我很期待能与诸位通力合作，通过推行致力于增强安全、增进利益和反映

希拉里领导力

我们价值观的外交政策来重振美国的领导力。美国人民知道我们的国家、我们的世界面临着巨大的危机：从当前的伊拉克和阿富汗战争、恐怖主义极端分子持续不断的威胁，到大规模杀伤性武器的蔓延；从气候变化危机到传染性疾病；从金融危机到全球范围的贫困。

在总统选举结束后的过去 70 天里，诸多事件已经证明了解决这些挑战的急迫性：新的加沙危机；孟买恐怖袭击；刚果屠杀及强奸事件；津巴布韦霍乱疫情；破纪录的温室气体排放以及加速的冰川融化，甚至连海盗这种古老形式的恐怖幽灵也重新开始出现在非洲之角。

一直以来，尤其是像现在这样面临全球严峻挑战的时刻，我们的最高使命都是保护并增进美国的安全、利益和价值观：首先，我们必须要保证我们的人民、国家和盟友的安全；其次，我们要促进经济的增长以及国内与海外的共同繁荣；最后，我们必须要稳固美国在全球的领导地位，确保我们是世界上一股积极正面的力量，不论是保护地球环境，还是为那些生存在边缘的人们带去尊严和机遇。他们的进步和繁荣最终也将让我们获益。

世界在过去的 20 年中经历了巨大的变化。1989 年，柏林墙

附录　希拉里领导力与行动的两篇演讲

轰然倒下，在影响了我们外交政策方方面面长达四十年的冷战结束后，旧的屏障也开始崩塌。到 1999 年，更加民主开放的社会的崛起、全球市场的扩展、信息科技爆炸都让"全球化"成为当今时代的主题。对大部分人来说，这个词汇主要代表着经济上的内涵，事实上，我们已经生活在一个深度相互依赖的世界，旧的规则与界限已不再坚固，其中深刻变化之一便是 21 世纪的进步和危机不再受国家边界和物理距离的限制。

经济增长以前所未有的速度让更多人摆脱贫困，但是经济危机也能以更快的速度席卷全球。一个国家联盟阻止了巴尔干地区的种族清洗，但是中东地区的纷争却继续引爆着亚洲和非洲地区的紧张局势。一些非国家行为体在努力战胜贫困、改善人民健康，或在世界最贫困的地区发展教育，而另一些非国家行为体却在贩毒、拐卖儿童和妇女，或在世界范围内残杀无辜平民。

在 2009 年，我们从过去的 20 年里得到的深刻教训是：我们必须要与威胁战斗，同时还要抓住相互依存带来的机遇。而且为了有效地实现这一目标，我们必须要构建一个拥有更多伙伴、更少敌人的世界。

美国不能独自解决这些最迫切的问题，世界抛开美国也解决不了这些问题。在应对全球危机、抓住全球机遇方面，能增进美国利益的最佳方法便是设计并实施全球性的解决方案。这并不是一个哲学层面的观点，而是我们所面对的现实。

当选总统和我本人均相信外交政策必须建立在原则性和务实性完美结合的基础之上，而不能只靠刻板的意识形态；要依靠事实和证据，而非情感和偏见。事关我们的国家安全、我们的生命力以及我们在当今世界的领导地位，我们必须承认相互依赖是生存之道。

我相信世界一直需要美国的领导力，现在依然如此。我们必须行使所谓的"巧实力"：运用一切可供我们使用的手段——外交的、经济的、军事的、政治的、法律的和文化的——视不同的情况选择正确的手段，或结合多种手段。运用"巧实力"，外交将会成为对外政策的先锋军。这并非一种激进理念。古罗马诗人泰伦提乌斯生而为奴，但却最终成为了他所处时代最有力的声音之一。他曾宣称：**"在每一次做出努力前，智者采用的适当途径是先尝试说服。"** 这句箴言对睿智的女性同样适用。

当选总统已经明确指出，新政府将毫无疑问地在外交政策上起主导作用。只要看一看朝鲜、伊朗、中东以及巴尔干地区就会

附录　希拉里领导力与行动的两篇演讲

明白坚定、明智的外交政策的必要性，也会明白，如果没有外交努力会造成怎样的后果。只需要考虑一下我们在2009年所必须解决的问题——从打击恐怖主义到解决气候变化再到应对全球经济危机——我们就会明白协同作战的重要性。

我向诸位保证，如果我的任命被批准，国务院将全力以赴为世界各地提供前瞻性的、可持续的外交政策；施加外交压力并运用杠杆效应；与我们的军队和其他政府机构合作；与非政府组织、私人机构和国际组织高效合作；运用现代科技更好推行公众宣教；赋予那些了解谈判对手、能更好保护我们利益的谈判者更大的权力。我们将开展数千项独立活动，它们在战略上相互联系、相互协调以共同保护美国的安全和繁荣。外交是一项艰难的工作，但如果我们足够努力，外交必能发挥有效作用，不仅可以缓解紧张局势，更能稳固国土安全、保护国家利益、维护我们的价值观。

国防部长盖茨一语道破了外交在维护国家安全、实现对外政策上的重要性。如他所言，国防部长敦促给国务院增加资源和提升外交使团作用的案例并不多见。幸运的是，盖茨部长对统一、灵活和有效的美国战略的关注远远大于将我们宝贵的时间和精力花在琐碎的地盘之争上。就像他曾经指出的那样,"我们致力于外交和发展的民用机构的努力已经太长时间处于人力和资金不足的窘境中了",两者都与军费支出和"我们国家在世界各地的责任和挑战"息息相关。对此,我说:"阿门(非常赞成)!"当选总统奥巴马已强调,国务院必须得到充分的授权和资助以迎接多维的挑战——从与盟友的合作到遏制恐怖主义,以及向那些仍在承受苦难的地区传播健康和带去繁荣。这点我稍后会更详细地加以说明。

我们还应在任何适当和可能的时机发挥联合国和其他国际机构的作用。民主党和共和党的总统几十年来都明白,当这些机构运作得好时,可以强化我们的影响。当他们运作得不好时——如达尔富尔事件和前联合国人权事务委员会的苏丹选举闹剧——我们则应与志同道合的朋友们共同合作,以确保这些机构践行创立之初的价值观。

我们将以外交为主导,因为这是聪明的做法。但我们也知道,有时必须使用军事力量。在必要的时间和地点,我们将以军事力量作为最后的手段来保护我们的人民和利益。

同时,我们必须记住,为谋求我们在世界各地的利益,美国

附录　希拉里领导力与行动的两篇演讲

必须成为我们价值观的典范。几天前，艾萨克森参议员向我提出，我们的国家必须以身作则，而非靠法令来领导。历史已经证明，我们在海外的利益和国内的价值观和谐统一的时候，也是美国最富有成效的时刻。而且我很欣慰地发现首任国务卿托马斯·杰斐逊也认可这个观点，他跨越几个世纪提醒我们："**一个国家的利益，当理解正确时，与这个国家的道德准则是一致的。**"

因此，虽然我们的民主持续激励着世界各地的人们，我们深知它的影响只有在我们自己践行其教义时才能最大体现。

卢格参议员，在此我要借用您的话，因为您在这一点上如此雄辩有力：您曾经说过，"美国不能养活所有的人，不能帮所有的人都摆脱贫困，不能医治所有的疾病，也不能制止所有的冲突。但我们的力量和地位赋予了我们对于人类巨大的责任。"

当然，我们还是得现实地去达成我们的目标。即使在最好的情况下，我们的国家也不能解决所有的问题或满足每个全球性的需要。我们没有无限的时间、财富和人力。而且在经济增长乏力、财政赤字日益增长的今天，我们面对的也确实并非最好的情况。

在尊重我们价值观的同时，为了履行我们对孩子们的责任，保护和捍卫我们的国家,我们必须确定优先顺序。这里我不想拐弯抹角。就像我在参议院的同事们知道的那样,"确定优先顺序"意味着要做出艰难的抉择。因为那些抉择对美国人非常重要,我们在排序时必须遵守规则——权衡我们行动或不行动的成本和后果的轻重;衡量成功概率;并坚持可测量的结果。

就在我获得提名之后,一个朋友告诉我:"这个世界有如此多的问题。这份工作简直是为你量身打造的。"好吧,我同意问题很多也很大。但我并没有每个早上一起床就只想着我们面临的威胁和危险。面对逆境和复杂局面时,每一次挑战也总是伴生着希望和机会。今天的世界需要乐观进取的精神,正是这样的精神见证了我们两个多世纪以来的进步。

我们常常更易看到困扰着我们的弊病,而非摆在我们面前的可能性。我们看到必须遏制的威胁,必须昭雪的冤情,必须平定的冲突,但却没有看到可以促进的伙伴关系,可以加强的权利,可以培养的创新,以及可以被授权的民众。

归根到底,是进步的现实可能性——向着免于恐怖、贫困以及不和谐的更美好生活的进步——将我们最令人信服的信息传递到世界的其他角落。

附录 希拉里领导力与行动的两篇演讲

我曾有机会以书面答复的形式向委员会展示我对一系列事件的观点，所以在此我将概述我们面临的一些主要挑战和重大机遇。

首先，当选总统奥巴马致力于负责任地结束在伊拉克的战争，并在阿富汗采用广泛的战略来减少对我们安全的威胁并巩固稳定和平的前景。

现在，我们的男女军人、我们的外交人员和我们的救援人员正在这两个国家冒着生命危险。他们已经做了我们要求他们做的一切，甚至更多。但是，随着时间的推移，我们已经看到，符合我们更大利益的方式是安全、负责任地从伊拉克撤回部队，支持伊拉克过渡到完整的主权国家，重整不堪重负的军备，以及和盟友通力合作以共同维护上述两国的稳定并运用更多手段来打击恐怖主义。

同样重要的是制定一项全面计划，调动我们一切的力量——外交、发展和国防——来与阿富汗和巴基斯坦那些想把基地组织、塔利班和其他暴力极端主义分子们连根拔起的人们通力合作。在被当选总统奥巴马称为打击恐怖主义的中部战线上，恐怖分子如同威胁我们一样也威胁到他们的生存。我们需要加深与两国及该地区其他国家之间的往来，推行改善阿富汗和巴基斯坦民生的政策。

我们在将焦点放在伊拉克、巴基斯坦和阿富汗的同时，也必须积极谋求在中东地区的"巧实力"战略，以满足以色列安全的需要和巴勒斯坦人正当的政治和经济诉求；有效地应对伊朗以使其结束核武器项目和对恐怖分子的支持，说服伊朗和叙利亚放弃危险行为并成为该地区的积极建设者；加强我们与埃及、约旦、沙特阿拉伯以及其他阿拉伯国家之间、与土耳其和我们在海湾地区的其他合作伙伴间的关系，让它们一道参与进来确保该地区的持久和平。

中东地区的问题也许看起来很棘手——包括我丈夫在内的多任总统花费了多年时间来尝试制定解决方案——我们不能放弃和平。当选总统和我理解并深深地同情以色列在当前形势下想要捍卫自身安全和免受哈马斯火箭袭击的愿望。

然而，我们也记得中东冲突造成的惨重的人道主义代价，并为巴勒斯坦和以色列平民所经历的苦难而痛心疾首。

恐怖主义仍然是一个严重的威胁，我们必须要有一个综合的战略，利用情报、外交和军事资源等手段来击败基地组织和其他

附录　希拉里领导力与行动的两篇演讲

类似的恐怖组织，把它们的网络连根拔起，斩断一切对它们暴力的、虚无的、极端主义的支持。美国面临的最严重威胁是大规模毁灭性武器有落入恐怖分子之手的可能。为确保我们未来的安全，我们必须遏制这些武器的扩散和使用——不论是核武器、生物武器、化学武器，还是网络武器——同时我们要主导国际合作以减少现有的核储备，阻止危险的新武器的开发和使用。

因此，在防范恐怖主义威胁的同时，我们也应抓住这个并行的机会让美国回到与其他国家一道致力于减少核武器库存的事业上来。我们将与俄罗斯合作，让其承诺延长将于 2009 年 12 月到期的《削减战略武器条约》中的重要监测和核查条款。我们还将致力于达成协议以进一步削减核武器。我们也将与俄罗斯合作以最终使美俄两国的导弹脱离一触即发的紧张状态。我们也将紧急行动起来，阻止朝鲜和伊朗的核扩散，确保管理松散的核武器与核原料的安全，关闭相关的销售市场——正如卢格参议员多年来所做的一样。

《核不扩散条约》是核不扩散机制的基石，美国必须表现出支撑这一机制所需要的领导力。因此，我们将与本委员会和参议院一道力争达成批准《全面禁止核试验条约》，并恢复可核查的

《裂变材料禁产条约》的谈判。

今天世界面临的安全威胁无法以孤立的方式得以解决。"巧实力"要求向朋友和对手都伸出橄榄枝，以加固旧同盟并缔结新联盟。这意味着加强经受过时间考验的同盟——尤其是与我们的北约合作伙伴和我们在亚洲的盟友。我们与日本的同盟是美国亚洲政策的基石，这对亚太地区的和平繁荣至关重要。美日同盟建立在共同价值观和共同利益基础之上。我们与韩国、澳大利亚和其他东盟朋友之间也有着极其重要的经济和安全伙伴关系。我们将与印度建立经济和政治伙伴关系，印度是人口最大的民主国家，其国际影响力正日益增长。

我们与欧洲传统的、基于信心和信任的友好关系将会进一步加强。即使是最亲密的朋友之间，分歧有时也在所难免，但在大多数全球问题上它们是我们最值得信赖的盟友。新一届政府将有机会横跨大西洋接触到法国、德国、英国和其他欧洲国家的领导人，包括新兴民主国家。当美国和欧洲携手之时，全球目标的实现将变得更为现实。

当选总统奥巴马和我都在寻求一个和俄罗斯政府在重要战略问题上能携手合作的未来，并同时坚定地践行美国的价值观和国

附录　希拉里领导力与行动的两篇演讲

际准则。

在日益变化的全球格局下,中国扮演着至关重要的角色。我们需要积极合作的美中关系,在这种关系下我们可以深化和加强在许多问题上的联系,并坦率地处理既存差异。

但这并非单方面的努力——我们的政策很大程度上取决于中国未来在国内和国外做出的选择。

我们应该同俄罗斯和中国一起共同努力解决极其重要的安全和经济问题,如恐怖主义、核扩散、气候变化和金融市场改革等问题。目前,世界正在自大萧条以来最严重的全球经济衰退的激流中挣扎。大萧条的历史告诉我们外交失败和不协调会造成什么样的灾难性后果。然而,历史本身并非完美的行动指南。世界已改变太多。我们看到这次危机已超出了房地产和银行业的范围,我们的解决方案也就必须如其缘由本身一样范围广泛,要考虑到全球经济的复杂性、地缘政治的参与性,以及既成损害带来的政治和经济持续反弹的可能性。

但是同样,我们在修补损失的同时,还可以找到新的合作方式。我们已经浪费了太多时间来讨论新兴大国参与全球经济治理的必要性,现在是采取行动的时候了。最近的二十国集团峰会是第一步，但持续参与模式的构建需要辛勤的工作和认真的谈判。我们知道新兴市场如中国、印度、巴西、南非和印度尼西亚正承受着当前危机的影响。如果它们是解决方案的一部分，并成为维持全球经济稳定的伙伴，那么我们在短期和长期都将获益。在恢复美国经济增长的努力中，我们尤其需要和我们最大的贸易伙伴加拿大建立密切联系，与墨西哥，我们的第三大贸易伙伴，也要更紧密地合作。加拿大和墨西哥也是我们最大的能源供应商。更广泛地说，我们必须与墨西哥建立更深的伙伴关系以解决我们共同的因贩毒和边境问题带来的威胁。当选总统奥巴马和卡尔德隆总统本周的会晤就开始了这方面的努力。

在北半球，我们有机会加强合作以实现惠及所有人的共同经济、安全和环境目标。我们将恢复实施积极参与拉美事务的政策，从加勒比地区到中南美洲的各个国家寻求更深入的了解和更广泛的接触。我们与南方的朋友不仅有着共同的政治、经济和战略利益，还因许多共同的祖先与文化遗产而有更深的关系。我们期待4月的美洲峰会上能在广泛的领域一起合作，响应当选总统的倡议，围绕着共享科技和再生能源的新投资来建立一个美洲新能源的伙伴关系。

附录　希拉里领导力与行动的两篇演讲

在非洲，奥巴马政府对外政策的目标植根于安全、政治、经济和人道主义方面的利益，包括：打击基地组织在非洲之角寻找安全避难所的企图；帮助非洲国家保护其自然资源并因此获得公平的回报；终止刚果的战争；结束津巴布韦的独裁统治和达尔富尔地区的种族灭绝暴行；支持非洲的民主国家，如南非和加纳（加纳刚在民主选举中实现第二次权力移交），以及积极努力帮助非洲国家在卫生、教育和经济机会等领域里实现千年发展目标。

许多我们面临的重要问题不仅是对美国的挑战，也是对世界上所有国家和人民的挑战。在两党日渐达成一致时，主席先生，您是第一批意识到气候变化是一个明确的安全威胁的人。极端情况下，气候变化会威胁我们的生存。但是，在此之前，气候变化很可能引发新的传统战争——对食物、水和耕地等基础资源的争夺。世界需要对气候变化做出紧急、协调的回应。正如当选总统奥巴马所说，美国必须是发展和执行这一回应的领导者。在国际上，我们可以通过参与国际努力，如即将到来的联合国哥本哈根世界气候大会和国际能源论坛，来领导世界应对气候变化危机。在国内，通过减少二氧化碳排放量，同时降低我们对国外石油和天然气的依赖来领导应对气候变化的战斗，促进经济发展和国土安全。

伟大的政治家乔治·马歇尔上将曾表示，我们最强大的敌人往往不是其他国家或教义，而是"饥饿、贫穷、绝望和混乱"。要结交更多的朋友和树立更少的敌人，我们不能仅仅靠赢得战争。我们必须找到与其他民族和国家一致的共同基础和使命，使得我们可以一起战胜仇恨、暴力、非法行为和绝望。

奥巴马政府意识到，即使不能完全同意某些政府，我们仍与其人民共同拥有人性的纽带。通过培养这种共同的人道精神，我们加强了彼此共同的安全，因为我们已为创造一个更加和平、繁荣的世界铺平了道路。主席先生，您是率先强调我们参与全球抗击艾滋病战斗中的重要性的人之一。并且，您在这个问题上已经努力工作了很多年。如今，由于各方的努力，包括布什总统的艾滋病救援紧急计划和许多非政府组织和基金会的工作，美国在许多非洲国家的民意调查中得到了广泛的支持。在那里，美国被视作对抗艾滋病、疟疾和结核病战斗的领导者。

我们有机会扩大这一成果，即通过与各非政府组织合作，协助扩建非洲各医疗诊所的基础设施，让更多的人可以获得挽救生命的药物，更少的产妇把艾滋病病毒传播给孩子，更少的人失去

附录　希拉里领导力与行动的两篇演讲

生命。

我们还可以通过其他类型的社会投资,来创造更多的善意。如通过与各国际组织和非政府组织成员的有效合作,建造学校、培训教师,确保儿童免受饥饿和剥削,使他们可以去学校接受教育,并能为了未来追寻梦想。这就是当选总统支持全球教育基金,以加强全世界公共教育的原因所在。

我想花一些时间,来强调"自下而上"的方法对于确保美国继续作为全球舞台上一股积极力量的重要性。当选总统和我对此都深信不疑。通过社会发展,培养我们共有的人道精神,并非是我们外交政策中的边缘策略,相反它是实现我们整体目标不可或缺的一部分。如今,全世界超过20亿的人每日生活费用低于2美元。他们正面临食品价格上涨和普遍的饥饿。除非民主确实带来实际效益,在消除腐败的同时,提高人们的生活水平,否则在饱受大范围饥饿和疾病之苦的国家,扩大各种公民权和政治权的需求将被搁置。

我们的外交政策必须反映出我们对于使世界数百万被压迫人民实现人权这一事业的坚定承诺。我很关注妇女和女童的困境。在这个世界上,疾病、文盲、饥饿和无薪工作大多与他们相关。

希拉里领导力

如果世界上有一半的人口，在经济、政治、法律和社会等方面被边缘化，那我们推进民主和繁荣的希望将会落空。我们还有很长的路要走，美国必须发出坚定明确的声音来支持每个国家、每个区域、每个大陆上的妇女权利。

说一句题外话，我想提一下，当选总统奥巴马的母亲——安·邓纳姆曾是印度尼西亚小额信贷的先驱。在我自己对全世界包括孟加拉、智利、越南、南非和许多其他国家小额信贷的研究中，我亲眼看到了借给贫穷妇女做小买卖的小额贷款是如何提高她们生活水准并改造当地经济的。当选总统奥巴马的母亲曾计划参加1995年北京世界妇女大会的一个小额信贷论坛。我本人也参加了这个会议。遗憾的是，她患了重病，无法出行，几个月后不幸离开人世。但是我认为，可以公平地说，她为国际发展所做的工作，以及她表现出来的对全世界妇女和穷人的关心和关注，对她的儿子影响重大，而且无疑形成了他的视野和远见。我们将荣幸地在未来的几个月或几年内继续安·邓纳姆的工作。我已经论述了我们的一些首要任务，我知道我们还要在问答环节中聊更多。不过这种简单的概述只能是对我们面临的挑战及机遇的匆匆一瞥。我和当选总统奥巴马承诺与本委员会和国会密切合作，推

附录　希拉里领导力与行动的两篇演讲

行两党参与的、协调的、以结果为导向的、可持续的外交政策，恢复美国在应对这些挑战、维护我们的利益和推行我们的价值观中的领导力。

确保国务院处于最佳运行状态，对于美国的成功至关重要。这是我的首要任务，也是国家安全团队中我的同事们和当选总统的首要任务。他坚定地认为，我们需要提高我们的非军事能力以执行强有力的外交政策、提供我提到过的那些国际援助，主动接触世界诸国，并有效地和我们的军队一起开展工作。

托马斯·杰斐逊时期的整个国务院机构由一名首席文员、三名普通职员和一名通信员组成，他的整个预算是一年56 000美元。

但是过去219年中，世界和时代无疑发生了变化。现在，国务院人员中包括了在雾谷、国内各办公室和全球260个工作站工作的外交人员、公务员以及在当地聘请的人员。如今，美国国际开发署正在执行一项重要的发展任务，对于在全球范围内凸显我们的价值观非常重要。

这些人民公仆常常是幕后英雄。在这个日益复杂和危险的世界中，他们战斗在第一线，将我们的政策和价值观付诸实践。为了效忠祖国，许多人冒着生命危险，有些人甚至失去了生命。为了成功,他们需要并且理应获得物资、训练和支持。

我了解本委员会,我希望美国公众理解,现在外交官员、专业的公务员和发展部门的专家正在努力工作,加强美国的实力——无论是帮助美国企业进军新市场,还是守候在美国使馆电话的另一端,为境外美国公民提供服务,抑或是做着细致入微的外交工作,发展同外国政府的关系,促进军备控制和贸易协定的达成,签署和平条约,致力于冲突后重建,扩大人权,达成更广泛的文化理解并形成更强大的联盟。

美国国务院是一个庞大的多层次组织。但它不像有些人所描绘的那样,是一个静态的闲置机构。它是美国价值观的前哨,在和平年代和动乱时期都能保护我们的公民、捍卫我们的民主制度。国务院工作人员也给境外受压迫、被禁言、被边缘化的人民提供帮助和希望的救生索(通常是唯一的救生索)。无论他们是大使馆的经济官员、野外的救援人员,还是远方的领事馆职员,抑或是在华盛顿工作至深夜的国家官员,他们履行职责以使我们可以和平安全地生活。我们不能通过不批准他们所需的物资来克扣他们,或者影响我们自己。

我的重要任务之一,就是确保国务院和美国国际开发署得到

附录　希拉里领导力与行动的两篇演讲

它们所需的资源，回头我会根据总统的预算要求向国会申请全额拨款。同时，我将一如既往地努力工作，确保我们能审慎地利用这些资源，以快速、有效地完成我们的任务。

最后，我希望你们能允许我再多说几句。和大多数美国人一样，我在童年和青少年时期从未有机会走出国门游历四方。我的早期职业生涯多是作为一名律师，为那些在自己的祖国，却挣扎在社会边缘的孩子和穷人们代言。但是在我丈夫担任总统的八年时间里，以及我作为一名参议员的八年时间里，我有幸代表美国去过 80 多个国家。

我曾有机会了解很多世界领导人。作为参议院军事委员会的一员，我与军队指挥官以及我们在伊拉克和阿富汗服役的勇敢士兵们接触，我全程参与了一系列军事事件。我与美国及其他国家的救援人员、商人、女性、宗教领袖、教师、医生、护士、学生、志愿者以及其他所有以帮助世界范围内的受难者为使命的人们相处过很长时间。我也在其他国家的首都、城镇和乡村，从无数普通市民那里学到了宝贵的经验。他们的生活使我能瞥见一个与许多美国人的日常经历相去甚远的世界。

近年来，随着其他国家军事、经济和政治影响力的增强，有些人认为我们已经走到了世界历史中"美国时刻"的尽头。我不同意这种说法。是的,传统格局已然改变。但是美国的成功从不仅仅是我们国力的体现,它一直被我们的价值观所激励。即使国内外有这么多问题,数百万人依然努力来到我们的国家——无论是通过合法的手段还是非法的手段。为什么?因为我们被亘古不变的真理所引导:那就是,所有人生而平等,每个人都有生命、自由以及追求幸福的权利。在这些真理中,我们将会像过去的两个多世纪一样,找到勇气、纪律和创造力,以应对这个不断变化的世界发出的挑战。

能成为一名公务员我受宠若惊,也很荣幸能肩负当选总统交给我的责任,他不仅在国内代表了美国梦,在海外也一样。

无论我们面对的挑战有多么艰巨,我都对我们的国家和人民充满信心并坚定不移。作为一个美国人,在新的"美国时刻"到来的时候,我十分骄傲。

感谢主席先生以及委员会成员,感谢你们今天所倾注的时间和精力。我知道还有很多领域需要被提及,我会很乐意回答你们的问题。

致　谢

写作这本书最棒的体验在于有机会和很多特别优秀的人交往、交流。他们的非凡和洞见让这本书成为现实。

首先，我要感谢麦格劳希尔出版公司的编辑玛丽·格林，是她给了我写作的灵感，并在整个写作过程中给我提供了非同寻常的支持。我还要特别感谢麦格劳希尔的塔尼亚·隆曼尼，她进行了及时而有效的查证，为本书的重要信息提供了支持，帮助我赶上了有些紧迫的截止日期。

我还想感谢很多博学而乐于助人的人，他们帮助我把这本书的精华实践到了生活当中。特别要感谢丽贝卡·库珀、克里斯汀·丁吉梵博士、伊丽莎白·格里弗斯、列吉·范·李、凯特·约翰逊、阙迪·克劳利、迪·迪·梅耶斯和德尼斯·克里斯汀，感谢他们的学识、精力和坦率。向在本书各章节的编辑中做出卓越贡献的莉涅特·得马列斯特致谢。向我的父亲麦克斯·保罗·香博致谢，他始终是我在坚忍力方面的楷模，也是他鼓励我在领导力与生活之路上发掘并实现我自己的坚忍力。最后，我想感谢我周围和国内外其他地方的听众，他们在过去一年里聆听我谈及对今天的领导者来说很重要的话题——坚忍力，他们都是我力量和灵感的重要来源，不仅促使我写成此书，也激励我此生继续致力于在全球培训"伟大的"领导者，以期让这个世界更加美好。

给予者
只有给予者才能成功运营社群
【美】朱迪·罗宾奈特　著

张大志　译

如何接触和获得高级别的人脉关系？
每段牢固的人脉三个最重要的因素是什么？
如何构建强大的人脉关系网？

美国人脉女王和"超级给予者"，揭示连接人脉网络和社会资本不可不知的法则。

首席内容官
解密英特尔全球内容营销
【美】帕姆·狄勒　著

孙庆磊　译

社交媒体时代，每个公司都需要一位"总编辑"。

如何组建和管理内容营销团队？
如何制定跨界的内容营销战略？
如何创作有效的内容吸引顾客？
如何发现被忽视的受众连接点？

英特尔全球营销战略总裁解读"首席内容官"成功之道。

供应链金融
宋华 著

中国人民大学商学院教授最新力作，互联网＋浪潮中实体经济与金融如何结合的深度阐释！

集实践性、理论性、思想性、创新性为一体。

冯国经、余永定、丁俊发等众多专家一致推荐！

超级天使投资
捕捉未来商业机会的行动指南
【美】戴维·罗斯 著
桂曙光 译

硅谷创投元老作品。
全面揭示挖掘未来明星企业九大方法，以及从种子轮到ABC轮的必做功课。
创业融资和股权投资必读！
徐小平、蔡文胜、里德·霍夫曼等投资大咖联合推荐！

给予者
只有给予者才能成功运营社群
【美】朱迪·罗宾奈特　著
张大志　译

如何接触和获得高级别的人脉关系？
每段牢固的人脉三个最重要的因素是什么？
如何构建强大的人脉关系网？

美国人脉女王和"超级给予者"，揭示连接人脉网络和社会资本不可不知的法则。

首席内容官
解密英特尔全球内容营销
【美】帕姆·狄勒　著
孙庆磊　译

社交媒体时代，每个公司都需要一位"总编辑"。

如何组建和管理内容营销团队？
如何制定跨界的内容营销战略？
如何创作有效的内容吸引顾客？
如何发现被忽视的受众连接点？

英特尔全球营销战略总裁解读"首席内容官"成功之道。

供应链金融

宋华 著

中国人民大学商学院教授最新力作，互联网＋浪潮中实体经济与金融如何结合的深度阐释！

集实践性、理论性、思想性、创新性为一体。

冯国经、余永定、丁俊发等众多专家一致推荐！

超级天使投资
捕捉未来商业机会的行动指南

【美】戴维·罗斯 著

桂曙光 译

硅谷创投元老作品。
全面揭示挖掘未来明星企业九大方法，以及从种子轮到 ABC 轮的必做功课。
创业融资和股权投资必读！
徐小平、蔡文胜、里德·霍夫曼等投资大咖联合推荐！

Rebecca Shambaugh

Leadership Secrets of Hillary Clinton

0-07-166417-3

Copyright © 2010 by McGraw-Hill Education.

All Rights reserved. No part of this publication may be reproduced or transmitted in any form or by any means, electronic or mechanical, including without limitation photocopying, recording, taping, or any database, information or retrieval system, without the prior written permission of the publisher.

This authorized Chinese translation edition is jointly published by McGraw-Hill Education and China Renmin University Press. This edition is authorized for sale in the People's Republic of China only, excluding Hong Kong, Macao SAR and Taiwan.

Copyright © 2016 by McGraw-Hill Education and China Renmin University Press.

版权所有。未经出版人事先书面许可，对本出版物的任何部分不得以任何方式或途径复制或传播，包括但不限于复印、录制、录音，或通过任何数据库、信息或可检索的系统。

本授权中文简体翻译版由麦格劳-希尔（亚洲）教育出版公司和中国人民大学出版社合作出版。此版本经授权仅限在中华人民共和国境内（不包括香港特别行政区、澳门特别行政区和台湾）销售。

版权 © 2016 由麦格劳-希尔（亚洲）教育出版公司与中国人民大学出版社所有。

本书封面贴有 McGraw-Hill Education 公司防伪标签，无标签者不得销售。

北京市版权局著作权合同登记号：01-2015-5053

图书在版编目（CIP）数据

希拉里领导力/（美）丽贝卡·香博（Rebecca Shambaugh）著；冯云霞，朱超威，宋继文译.—北京：中国人民大学出版社，2016.7
ISBN 978-7-300-22919-5

Ⅰ.①希… Ⅱ.①丽… ②冯… ③朱… ④宋… Ⅲ.①希拉里，C.-领导艺术-研究 Ⅳ.①K837.127=5 ②C933.2

中国版本图书馆CIP数据核字（2016）第116747号

希拉里领导力

[美] 丽贝卡·香博（Rebecca Shambaugh） 著
冯云霞 朱超威 宋继文 译
Xilali Lingdaoli

出版发行	中国人民大学出版社		
社　　址	北京中关村大街31号	邮政编码	100080
电　　话	010-62511242（总编室）	010-62511770（质管部）	
	010-82501766（邮购部）	010-62514148（门市部）	
	010-62515195（发行公司）	010-62515275（盗版举报）	
网　　址	http://www.crup.com.cn		
	http://www.ttrnet.com（人大教研网）		
经　　销	新华书店		
印　　刷	北京联兴盛业印刷股份有限公司		
规　　格	148 mm×210 mm　32开本	版　次	2016年7月第1版
印　　张	6.875 插页2	印　次	2016年7月第1次印刷
字　　数	99 000	定　价	49.00元

版权所有　侵权必究　印装差错　负责调换